Je ne suis pas bien au travail... je change quoi ?

Éditions Eyrolles
61, bd Saint-Germain
75005 Paris
www.editions-eyrolles.com

Mise en pages : STDI

Depuis 1925, les Éditions Eyrolles s'engagent en proposant des livres pour comprendre le monde, transmettre les savoirs et cultiver ses passions !

Pour continuer à accompagner toutes les générations à venir, nous travaillons de manière responsable, dans le respect de l'environnement. Nos imprimeurs sont ainsi choisis avec la plus grande attention, afin que nos ouvrages soient imprimés sur du papier issu de forêts gérées durablement. Nous veillons également à limiter le transport en privilégiant des imprimeurs locaux. Ainsi, 89 % de nos impressions se font en Europe, dont plus de la moitié en France.

ISBN : 978-2-416-01805-3

Didier Goutman

Avec la contribution de Juliette Allais

Je ne suis pas bien au travail… je change quoi ?

Éditions
EYROLLES

Sommaire

INTRODUCTION

« L'homme n'est pas fait pour travailler.
La preuve, c'est que ça le fatigue. »

Georges Courteline

C'est facile de ne pas être bien au travail. C'est d'ailleurs fréquent. Et tout à fait logique…

Le travail est en effet toujours un lieu d'échanges contraints. On y côtoie des gens qu'on n'a généralement pas choisis, dont les intérêts, les logiques, les priorités ne sont pas les nôtres. On y affronte des patrons, ou des clients, qui ont un droit de pression sur nous, des pairs et des partenaires qui cherchent à négocier au mieux leur position, des fournisseurs ou des collaborateurs qui voudraient maximiser leurs avantages. Les conflits y sont fréquents, et largement incontournables.

On aimerait pourtant pouvoir s'y exprimer au mieux malgré tout, s'y épanouir à notre façon – et c'est parfaitement légitime –, mais nous ne définissons souvent pas ce que l'on y fait, ni où, ni comment, avec quels budgets, quels moyens ou dans quels timings. Le risque d'insatisfaction est donc réel.

Qui dit travail dit par nature contrat, donc concessions, compromis, négociations, c'est-à-dire tensions et frustrations potentielles…

Pour autant, nous y disposons toujours aussi d'une liberté.

Liberté de manœuvre intérieure, dans la manière d'y évoluer, dans la façon dont nous nous représentons, racontons, vivons, partageons les situations réelles rencontrées.

Liberté de manœuvre extérieure dans la façon dont nous savons négocier avec notre environnement, nos patrons, nos clients, nos équipes…

Mais l'exercice de cette liberté suppose une condition essentielle : accepter de changer !

Changer nos façons de voir, nos manières de faire, nos narrations intérieures quand il est nécessaire d'envisager un changement plutôt en nous. Changer de job, de contexte, de voie, de métier si les solutions pour nous se présentent plutôt à l'extérieur.

Car – et c'est ici notre conviction fondatrice – il y a toujours un changement possible. S'ennuyer au travail, souffrir au travail, ronger son frein n'est jamais une fatalité.

Reste seulement à définir de quel changement VOUS avez besoin aujourd'hui, et comment le mettre en œuvre…

AVANT-PROPOS

« L'honnête homme n'enseigne que
ce qu'il a mis en pratique. »

Confucius

Il est facile de tenir des discours, de propager des théories, de donner des conseils, de se nourrir de « y'a qu'à » et de « faut qu'on »... Sur les réseaux sociaux et ailleurs, jamais autant d'avis, d'idées, d'histoires, de conseils n'ont circulé. Mais on n'interroge pas assez l'endroit d'où ils sont conçus, écrits, parlés, leur vérité, leur profondeur réelle.

C'est pourquoi il m'a semblé important de construire cet ouvrage à partir des seules expériences convaincantes de changements au travail que j'ai pu observer, vivre ou accompagner dans la réalité.

Tous les exemples évoqués, toutes les histoires racontées ici sont donc vrais, totalement, absolument vrais. J'ai seulement changé les prénoms, parfois les genres, souvent les métiers ou les contextes, pour les rendre anonymes et respecter la confidentialité des échanges, mais tous sont issus d'expériences vécues. Pas de *fakes*, pas d'exemples fictifs, pas de jolies constructions de circonstance, pas d'autoconvictions, seulement du vrai, du réel, du vivant.

Tous les changements présentés à l'appui des différents chapitres ont ainsi eu lieu réellement. Parfois vite, en quelques séances et quelques semaines ; parfois beaucoup plus lentement, sur des durées longues. J'ai accompagné personnellement certaines de ces expériences, je peux témoigner directement des autres. Mais toutes celles et tous ceux dont il sera question ici ont pu transformer concrètement, positivement, quelque chose de leur insatisfaction, de leur ennui, de leur mal-être, de leur inquiétude ou de leur frustration.

Parce que le changement est possible, que ces histoires le prouvent, qu'il est même parfois simple à mettre en œuvre.

Parce qu'on peut toujours sortir d'une impasse… mais jamais en marche avant !

AVERTISSEMENT

Cet ouvrage est consacré au changement et à ses différentes modalités concrètes et positives.

À ce titre, il requiert la disponibilité nécessaire pour prendre du recul et l'énergie requise pour envisager sa mise en œuvre.

Si votre situation est aujourd'hui trop dégradée, si vous êtes par trop épuisé, la question va donc bien sûr se poser pour vous en termes différents. Vous avez besoin d'abord de vous arrêter peut-être, de vous retrouver, de vous reposer, de vous faire aider pourquoi pas, avant de pouvoir envisager de réfléchir vraiment à ce que vous avez besoin de changer sur le fond, comment et pourquoi.

Là aussi cependant, un changement est donc déjà possible – prendre du recul – et même d'autant plus nécessaire.

Notre conseil global demeure ainsi le même : **ne vous laissez jamais enfermer durablement dans une situation qui ne vous convient pas.**

PARTIE 1

Les principes : acceptez de changer ! – Plaidoyer pour le changement

Avec la contribution de Juliette Allais
(psychopraticienne et coauteure
de *Trouver sa place au travail*)

Avant de se demander quoi changer au travail, et comment, encore faut-il accepter d'abord… d'avoir besoin de changer !

À ce titre, les difficultés professionnelles, les insatisfactions au travail sont un peu comme les douleurs dentaires. Tant qu'on ne les a pas reconnues et accueillies comme telles, on ne peut pas les soigner.

CHAPITRE 1

Accueil : d'abord, s'écouter…

Il est donc essentiel – pour commencer – de s'entendre, de s'accueillir, d'accepter de ne pas aller bien, de cesser de se raconter des histoires…

Tant que je prétends que « tout est OK, t'inquiète », que je fais « courageusement » semblant, que je tiens bon coûte que coûte dans une situation qui ne me convient pas, que je m'interdis de le dire, de le penser, de m'exprimer, de critiquer, d'en avoir assez, rien ne peut bouger. Or, si je ne vais pas bien au travail, quelque chose peut et doit évoluer.

L'ennemi ici ? Le déni, c'est-à-dire notre capacité à faire comme si tout allait bien, comme si c'était normal, comme si nous devions toujours faire de notre mieux, sans broncher. Au travail peut-être plus qu'ailleurs, car le travail est souvent vécu comme un lieu majeur d'adaptation, d'obéissance, de soumission.

Après tout, dans une entreprise, dans une organisation, petite ou grande, privée, publique, il y a un patron, un règlement intérieur, des consignes à suivre, des méthodologies à appliquer, tout est déjà plus ou moins prévu, planifié, organisé, mis sous contraintes. De quel droit pourrais-je y échapper ?

POINT DE VUE DE PSY – PAR JULIETTE ALLAIS

Avant de changer quoi que ce soit dans nos vies, la toute première étape consiste à prendre conscience que la situation telle qu'elle est ne nous convient pas. Cela peut paraître une évidence, et pourtant, pour bon nombre d'entre nous, oser se dire que quelque chose ne va pas peut être compliqué ou interdit. Pour des raisons différentes, nous pouvons être conditionnés à avancer coûte que coûte sans nous poser de questions. **Parfois, nous avons le sentiment que nous écouter pourrait être une forme de faiblesse ou même un aveu d'échec.** Notre éducation, nos modèles familiaux et les trajectoires de nos ascendants participent à créer ce type de croyance. Dans certains milieux, l'introspection n'est pas de mise. Il faut être un battant et réussir à tout prix, avoir un bon job, gagner de l'argent et, surtout, ne pas se plaindre. Garder à tout prix l'image valorisante de celui qui domine les situations et contrôle parfaitement sa vie ! Dans d'autres existe le spectre d'ancêtres ou de parents dépressifs, qui ont raté leur carrière ou qui ont fait faillite, et à qui il faut surtout ne pas ressembler. Mieux vaut ne regarder ni en soi ni en arrière et aller de l'avant, sans état d'âme.

D'ailleurs, si l'on commence à lever le voile, ne prenons-nous pas le risque de voir apparaître des choses dérangeantes ou inquiétantes, que nous mettons depuis longtemps sous le tapis pour ne pas nous y confronter ? Nous pourrions, par exemple, nous apercevoir que nous ne sommes pas heureux, y compris dans d'autres sphères que le travail, et cette découverte viendrait bouleverser notre équilibre, notre confort, nos certitudes sur nous-mêmes. Et puis, avoir des problèmes de boulot, c'est toujours un peu encombrant, voire culpabilisant. L'injonction collective au bonheur et à la prospérité massivement véhiculée dans notre société peut aussi devenir un diktat, qui oblige à refouler tout sentiment de mal-être. Aujourd'hui, il faut aller bien, dans tous les domaines, être performant et positif. Il y a peu de place pour tout ce qui relève de la difficulté, de l'effort, de l'ombre ou de l'ambivalence. Nous ne sommes souvent pas équipés pour accueillir ce qui, tout au fond de nous, va mal et réclame notre oreille attentive. Cela fait peur et « ça ne sert à rien ». Enfin, oser s'avouer que l'on souffre rend les choses plus réelles. Le déni permet de faire comme si ça n'existait pas. En tout cas, c'est ce que nous croyons.

S'offrir le temps et l'espace nécessaires pour ressentir ce qui se passe en nous demande un apprentissage, une autorisation interne et nécessite parfois un accompagnement. Cela peut nous obliger à prendre des risques, à déplaire ou à inquiéter nos proches qui ne sont pas toujours prêts à nous voir remettre des choses en question. Ce n'est pas forcément facile, mais c'est seulement à cette condition que nous serons en mesure d'améliorer ce qui a besoin de l'être. C'est le premier pas indispensable vers le cercle vertueux.

CHAPITRE 2

Autorisation : ensuite, s'affranchir…

Ensuite, il va falloir faire taire toutes ces voix en nous (ou à l'extérieur, à proximité, des parents, des conjoints, des amis, des collègues…) qui voudraient que ce soit impossible ou dangereux de changer : « Ce n'est pas le moment », dit l'une avec prudence. « Ce n'est pas réaliste », dit l'autre, comme on nous l'a déjà beaucoup dit. « Tu n'y penses pas, pense à ta retraite… », ajoute une troisième. Ou : « Ce n'est pas possible, c'est ainsi, j'ai toujours été comme ça, ça ne changera pas », souligne une quatrième, qui se voudrait réaliste (et n'est que défaitiste).

Pour pouvoir créer une solution concrète, il faut accepter d'en être acteur.

L'ennemi ici ? La résistance au changement, la peur de l'inconnu, le manque de confiance dans sa capacité à faire évoluer la situation, à avoir même le droit de l'envisager.

Même si le servage et l'esclavage ont été heureusement abolis il y a bien longtemps déjà, il reste encore – chez beaucoup – une conception latente déséquilibrée du salariat. Comme si – dans cette relation bipartite régie par un contrat signé librement par deux parties prenantes – certains demeuraient tout de même « plus égaux que d'autres » dans l'imaginaire collectif.

POINT DE VUE DE PSY – PAR JULIETTE ALLAIS

Faire autre chose, autrement, ailleurs ? Certes, l'idée peut être séduisante dans l'absolu. Pourtant, dès que l'on s'en approche, elle génère souvent une levée de boucliers à l'intérieur de nous. Est-ce bien raisonnable ? En avons-nous le droit ? De toute façon, c'est partout pareil, etc. Ces voix qui nous font douter et qui nous arrêtent dans notre mouvement appartiennent à des parties de nous foncièrement opposées à tout changement. En effet, nous sommes habités par une assemblée de personnages internes qui sont loin d'être tous alignés sur le même objectif. Ainsi, notre besoin de sécurité peut se rebiffer à l'idée d'aller vers l'inconnu et de perdre des repères, de la stabilité, du confort. Parfois, c'est la perspective de voir notre niveau de vie se dégrader, de nous confronter à l'incertitude ou au manque, qui nous inquiète : nous ne savons pas si nous pourrons faire face et cela nous paralyse. Pourquoi abandonner ce qui est déjà construit, même si ça n'est pas complètement satisfaisant ? Prendre des risques implique une perte de contrôle angoissante pour ceux d'entre nous qui ont bâti leur existence pour éviter d'être face au vide. Les blessures de l'enfance génèrent, elles aussi, de puissants freins à toute remise en question, car **changer implique d'avoir acquis une stabilité interne suffisante pour se projeter avec confiance dans des situations potentiellement précaires ou mal définies.** Dès lors, toute transformation devient une menace…

D'autres voix tout aussi empêchantes en nous relaient le discours familial, les interdits hérités, l'impossibilité de réaliser ses désirs, transmis depuis des générations, le plus souvent de façon inconsciente. Parfois, leur action entravante se matérialise à travers le discours moralisateur ou castrateur de nos proches, témoignant là de leurs propres inquiétudes projetées sur nous : la peur du lendemain, la nécessité de protéger ses acquis ou leur envie inavouée de pouvoir s'y autoriser, eux aussi. Certaines familles sont passées maîtres dans l'art de culpabiliser ceux qui osent ainsi se lancer dans l'inconnu, parfois sans aucune certitude ni garantie de réussite, parce qu'il faudrait privilégier la sécurité, la retraite, le bien-être de ses proches et parce qu'au fond, le désir individuel n'a pas de raison d'être.

Il faudra alors apprendre à identifier tous ces freins et analyser ce qui, en nous, bloque activement tout désir de transformation, pour le rendre inopérant. Nous affranchir de notre famille pour pouvoir nous autoriser enfin à nous mettre en mouvement, selon notre propre volonté. Apprendre à soutenir notre élan de vie pour ne plus être soumis à ces multiples entraves et devenir maîtres de notre destin. Non seulement nous avons le droit d'avoir envie d'autre chose, mais surtout, rien n'est écrit d'avance ! Il faut juste pouvoir croire suffisamment en nous-mêmes pour braver nos peurs et s'élancer vers l'avenir sans se focaliser sur ce que nous allons perdre. Ceux qui réussissent font part des mêmes qualités : audace, détermination et une certaine confiance en la vie qui finit toujours par nous le rendre...

CHAPITRE 3

Pari : pour décider de changer… quelque chose

Une fois que j'ai accepté que « non, ça ne devait pas durer ainsi », et que « oui, j'avais le droit de faire bouger les lignes, mes lignes »… alors il est temps de se mettre en mouvement !

C'est le moment de réfléchir, de lire des livres (ce que vous êtes en train de faire), sinon d'écouter des podcasts ou de regarder des vidéos, de refaire son CV peut-être, d'en parler avec des proches, des pairs, des membres de son réseau, et pourquoi pas un coach ou un psy si vous en ressentez le besoin.

Un conseil ? Essayez de prendre plaisir à la démarche elle-même. C'est un moment riche en soi. Plus vous vous y intéresserez, plus ce sera facile, plus vous serez détendu, plus vous dégagerez du positif, plus les solutions vont pouvoir émerger.

L'ennemi ici ? Défendre le connu, le trop connu, le confort du connu, même quand le connu n'est pas si agréable. Changer a en effet toujours un prix, génère toujours des efforts, des risques, des contraintes, et il y a toujours en nous quelqu'un qui se dit : « À quoi bon ? »

Changer de boulot (si c'est bien ce changement dont j'ai besoin), c'est un peu comme déménager. Il va falloir faire des cartons, trouver une camionnette et des potes, sinon payer un déménageur, et bien sûr trouver un nouvel appartement, payer l'agence, contacter l'assureur et le fournisseur d'énergie, financer le transfert, modifier son adresse, faire suivre son courrier, etc. Rien que d'y penser peut épuiser par avance. Mais si je ne suis pas satisfait de ma résidence actuelle, si c'est vraiment trop petit, trop cher, trop bruyant, trop mal situé, alors je cours pourtant surtout le risque en vérité… d'être demain beaucoup mieux logé !

POINT DE VUE DE PSY – PAR JULIETTE ALLAIS

Nous ne sommes pas tous égaux face au changement. Pour certains, cela représente une montagne à gravir ; pour d'autres, la perspective s'accompagne immédiatement d'un passage à l'action. L'essentiel est de faire advenir quelque chose de différent, aussi petit soit-il. D'enclencher un mouvement vers l'avant en créant une brèche dans une routine, d'ouvrir une porte vers un ailleurs. Tout ce qui va nourrir cette démarche est bienvenu. Certains ont besoin de réfléchir, de se projeter dans divers scénarios, de faire des prévisions précises, de se préparer longtemps à l'avance. Pour d'autres, il suffira de poser l'intention et de voir ce qui va apparaître, ce qui permettra de mieux cheminer au fur et à mesure. D'autres encore se lanceront dans l'action immédiate, concrète, parce que c'est le meilleur moyen pour eux d'activer une dynamique interne. Il suffit de trouver ce qui nous correspond le mieux. Qu'est-ce qui fait levier pour nous ? De quoi avons-nous besoin ? En réalité, **il existe de multiples modalités de mise en mouvement** et de rapports au temps. Il est essentiel de s'écouter en la matière, et de ne pas culpabiliser parce qu'on ne fait pas comme tout le monde !

CHAPITRE 4

Ouverture : … et mieux rayonner !

Parce que l'objectif, c'est bien de s'épanouir et donc de rayonner. Si je m'ennuie, si je souffre, c'est que quelque chose d'autre m'attend ailleurs ou autrement.

Une fois ainsi mis en mouvement, reste à franchir le pas et à incarner le changement, pour en bénéficier, respirer plus à son aise, s'exprimer plus librement et en faire bénéficier tous ceux qui nous entourent. Car les bénéfices sont toujours individuels et collectifs à la fois. Le travail est toujours une question collective.

Dans le Grand Œuvre alchimique[1], on évoque souvent trois phases au moins : la célèbre œuvre au noir qui suppose d'abord destruction et transformation, suivie d'une œuvre au blanc de purification, qui se termine par une œuvre au rouge, rouge comme le sang donc la vie, une œuvre de réincarnation. Ici, l'œuvre au noir serait la décision de changer, l'œuvre au blanc la réflexion qui doit s'ensuivre, et l'œuvre au rouge le travail concret de changement associé.

L'ennemi à ce stade ? La résignation. Face aux difficultés du « déménagement » évoquées plus haut (que le déménagement soit plutôt

1. Par « Grand Œuvre alchimique », on désigne la quête de la pierre philosophale ou, plus concrètement et plus symboliquement, la transformation du vil plomb en or. Les phases de transmutation y seraient au nombre de trois, voire quatre, en incluant une œuvre au jaune entre œuvre au blanc et œuvre au rouge.

vécu à l'intérieur ou à l'extérieur de soi), il y a toujours un risque de baisser les bras trop tôt face à la difficulté.

Courage ! Changer suppose un effort, mais cet effort... appelle toujours une récompense.

POINT DE VUE DE PSY – PAR JULIETTE ALLAIS

Pour toute personne existe une aspiration à suivre un chemin particulier, qu'il soit concret ou spéculatif, artistique ou lié au service, solitaire ou tourné vers les autres... Chacun de nous a des dons et des capacités qu'il peut et doit utiliser pour avoir le sentiment de réussir sa vie. Que nous le sachions ou non, nous sommes là pour contribuer au monde en lui offrant la richesse et les talents qui sont les nôtres. Or, nous avons souvent tendance à considérer uniquement les contraintes du monde extérieur et les voix de la raison, lorsque nous cherchons un travail, et à minorer ou à ignorer ce qui, à l'intérieur de nous, nous appelle (du latin *vocare*). Comme si c'était de moindre importance ou qu'être adulte impliquait forcément de sacrifier ses rêves. Alors que c'est précisément l'inverse : c'est bien notre fidélité à ces derniers qui nourrit et soutient l'existence, la rend intéressante, belle et pleine de sens. **Si je ne crois pas à ce que je fais, qui puis-je convaincre ? Si je n'aime pas ce que je fais, comment cela pourrait-il fonctionner de façon fluide, tranquille, efficace ?** Vertueuse et lumineuse ?

Ainsi, le mal-être, la souffrance ou l'inconfort, dans ce domaine, sont à chaque fois le signe que nous ne sommes pas au bon endroit, qu'il y a quelque chose à transformer pour aller enfin vers ce qui nous correspond en étant à l'écoute de nous-mêmes. Car, quels que soient nos choix professionnels, notre place au travail peut devenir une occasion de nous déployer et d'exprimer le meilleur, quelle que soit la forme que cela prend. Bien sûr, il n'y a pas de job idéal, et il existera toujours des aspects que nous aimerons moins. Mais pourquoi ne pas nous laisser la possibilité d'en faire quelque chose de vivant, qui a de l'intérêt, et qui nous offre la possibilité d'incarner au mieux ce que nous portons de plus profondément personnel et singulier ? Comment rayonnons-nous, montrons-nous vraiment qui nous sommes ?

Chacun de nous est doté de ce génie et il ne tient qu'à nous de l'honorer de façon intelligente et utile, pour nous et pour le monde. Encore faut-il savoir qu'il existe…

Cette question nécessite d'ailleurs parfois un remaniement complet de notre posture de vie. Notre héritage judéo-chrétien prônant la souffrance ici-bas y est pour beaucoup et, qu'on le veuille ou non, fait partie de nos conditionnements les plus tenaces, même si nous ne sommes pas concernés par la religion. Il perdure dans notre façon de rester souvent en deçà de ce dont nous aurions besoin pour être vraiment heureux. C'est notre défi à chacun de nous que de transformer cela jour après jour, en déconstruisant patiemment, accompagné ou pas, tous les empêchements vers l'accomplissement.

PARTIE 2

Les logiques : changer… oui, mais comment ?

On peut être conscient de l'importance, de la nécessité et même de l'urgence d'un changement au travail, et ne pas savoir par quel bout aborder la question. Et c'est tout à fait normal :

- parce que cette question, ou la façon dont elle se pose aujourd'hui, peut être pour chacun de nous très inédite. De nombreux changements n'auront lieu qu'une fois dans une vie professionnelle, je ne les ai donc par nature encore jamais vécus ainsi ;
- parce que je peux manquer des compétences nécessaires, et m'en trouver un peu paralysé. Je peux, par exemple, très bien m'imaginer à mon compte, mais rester tétanisé par le peu de compréhension que j'ai des questions de gestion, de fiscalité, de comptabilité, et la peur que ça m'inspire. Ou avoir très envie de changer de job, mais détester passer des entretiens de recrutement ;

- parce qu'il est toujours difficile, enfin, d'être à la fois celui qui réfléchit, celui qui agit, celui qui raconte, celui qui gère, celui qui décide, celui qui se vend… Les questions professionnelles ont ceci de complexe que nous y sommes toujours un peu juges, parties, vendeurs, gestionnaires, exécutants et dirigeants à la fois.

Pour vous aider à vous y repérer, voici donc une **première approche** possible, simplifiée bien sûr, dans l'esprit dans lequel j'accompagne ceux et celles qui viennent regarder ces questions-là avec moi.

Elle repose naturellement sur **trois temps successifs** :

- un temps **d'analyse et de diagnostic** : qu'est-ce qui me pèse aujourd'hui ? Pourquoi ? En quoi est-ce important pour moi ?
- un temps de **décision argumentée** : de quel changement ai-je besoin aujourd'hui ? Qu'est-ce que je vais décider – en conscience – de changer dans ma vie professionnelle, et pourquoi ?
- un temps de **mise en œuvre** : comment vais-je franchir le pas nécessaire ?

CHAPITRE 1

Éclairer votre situation propre

Commencez par prendre le temps de **poser un diagnostic clair**. C'est ici essentiel ! De quoi souffrez-vous au travail aujourd'hui ? Pourquoi ? Qu'avez-vous donc réellement besoin d'y changer ?

Pour aborder ces questions clés, importantes et délicates à la fois, je vous propose volontiers deux exercices préparatoires :

- Le premier exercice concerne **l'évaluation de votre vraie satisfaction**, tout au long de votre vie professionnelle. Quand avez-vous été bien au travail ? Dans quels types de situations ? Qu'est-ce qui a changé ? Quand vous êtes-vous senti moins bien ? Où ? Pourquoi ?
- Il repose sur une première idée très simple, c'est que **tout ce que nous avons déjà vécu vaut information**.
- Ce que j'aime ou non concrètement, ce qui me donne l'occasion de m'exprimer ou pas dans des situations réelles, ce qui me dérange, parle clairement de moi, mieux que des déclaratifs de circonstance.
- Le second concerne la recherche de ce que je vais appeler ici **vos « *drivers* », c'est-à-dire vos clés de motivation profonde**, ce qui vous anime profondément au travail.

- Avez-vous besoin de créativité ? De sécurité ? D'indépendance ? De relations ? De vous sentir expert ? De travailler pour les autres ?
- L'exercice repose sur une deuxième idée clé, c'est que **nous sommes d'emblée constitués d'une certaine manière, avec des préférences réelles et durables.**
- Même si elles peuvent évoluer dans le temps – en fonction notamment de leur degré de réalisation –, il demeure des constantes pour chacun. Quelqu'un pour qui la créativité est une dimension importante, par exemple, détestera toujours la routine et l'enfermement. De même, quelqu'un qui a besoin de s'exprimer physiquement, de bouger, d'être dehors, en mouvement, ne sera probablement jamais vraiment fait pour un job de bureau, aussi valorisant soit-il. *Idem* pour le besoin d'indépendance, le goût des relations, le goût de la réalisation concrète, le sens de l'expertise, etc.

Exercice 1 : pour un vrai bilan de satisfaction au travail

Je commence ainsi généralement un accompagnement en demandant à mes clients de me raconter toute leur histoire, depuis la fin de leurs études secondaires, intégralement. Partir du bac (sinon d'un CAP ou d'une fin d'études) permet ainsi de ne rien escamoter et de relire ensemble toute la dynamique : choix des études, des apprentissages ou des stages, des premiers jobs, des promotions, des mobilités, etc.

Je m'attache avec eux à comprendre ensuite ce qui les a motivés dans chaque job, chaque stage, chaque activité. Ce qui leur a plu, ce qui les a conduits à rester quand c'est le cas, ce qu'ils auraient voulu garder en partant… Et, à l'inverse, tout ce qui leur a déplu à chaque étape, tout ce qui les a ennuyés, dérangés, contrariés, tout ce qui les a conduits à partir… L'objectif : faire apparaître des constantes cohérentes, en positif comme en négatif.

Seul critère clé ici : l'intégrité ! Que vous fassiez l'exercice seul ou accompagné, à l'oral ou à l'écrit, essayez d'être vrai, au plus près de vos ressentis. Ne vous racontez pas d'histoires, n'escamotez rien, ne justifiez pas... ce n'est pas un entretien de recrutement !

À noter : l'exercice est ainsi très différent d'un bilan de compétences, comme des histoires que l'on raconte en recrutement... ou à ses proches ! Il ne s'agit pas ici de se valoriser ni de définir non plus les conditions de son employabilité potentielle. Ce doit être pour vous l'occasion d'évoquer votre vécu réel face aux différentes situations rencontrées au travail.

Exercice 2 : en quête de vos *drivers* profonds

Je propose également très souvent à mes clients l'exercice suivant, facile et utile, naturellement complémentaire du précédent : faire deux listes simples en parallèle, le plus spontanément possible, sans se censurer ni trop y réfléchir :

- une liste de situations positives au travail : au sens de situations d'activité concrètes qu'ils aiment bien, de phases de travail, de types de moments dans lesquels ils se sentent toujours justes, à l'aise, à leur place ;
- une liste de situations négatives au travail : au sens de situations d'activité concrètes qu'ils n'aiment jamais, dans lesquelles ils ne se sentent pas justes ni à leur place.

Pour chacun, ce sera différent, et c'est ça qui est intéressant. Et ce sera d'autant plus intéressant que ce sera simple, vrai, récurrent pour soi... et très différent de ses amis ou de ses collègues. On peut aimer ainsi travailler seul ou seulement en groupe, aimer les exercices nouveaux ou pas du tout, adorer parler en public ou surtout pas, aimer les chiffres, les calculs et les tableaux Excel ou détester ça. L'important, c'est que ça parle bien de nous au travail.

Une de mes clientes, directrice de clientèle dans une agence de communication, a posé ainsi en tête de sa liste de situations négatives : « Je déteste être en réunion. » Or, elle était en réunion quasiment toute la journée ! Cette simple réponse éclairait déjà son insatisfaction au travail de beaucoup de vécu personnel. Elle a compris ainsi presque instantanément ce qu'elle n'avait pas encore vu, et que le reste de ses réponses confirmera : son envie de basculer en interne d'une fonction de coordination et de représentation vers une fonction plus créative, plus proche de l'élaboration des contenus, dans un rythme et un espace également différents, avec plus de temps pour elle, pour réfléchir, pour écrire.

Un de mes jeunes clients de même – dans un processus d'orientation, en amont de Parcoursup – m'a dit très spontanément : « Je ne veux pas d'un travail où il faut bosser tout le temps avec les autres. » Je lui ai répondu OK, mais ce sera déterminant. Nous avons donc regardé ensemble le type de métiers qui pouvait lui convenir sur ces bases. Compte tenu de son appétence pour la créativité, surtout la créativité visuelle, et de sa bonne culture informatique… il a choisi de devenir monteur vidéo. Et – car nous avons maintenant le recul nécessaire, plus de cinq ans après – c'était effectivement pour lui une excellente idée. Il a parfaitement réussi dans ses études, en stages et maintenant dans le métier, où il continue de progresser régulièrement. La simple première réponse fermait déjà considérablement le champ de la question d'ensemble.

Et si j'avais dû répondre à ces questions moi-même à l'époque où j'étais encore salarié d'une agence de communication, avant de me mettre à mon compte, j'aurais pu répondre :

- en positif, le plaisir – très personnel – de me poser au café le matin devant une feuille blanche avec quelque chose à concevoir, une idée à trouver ou un texte à poser qui n'existent pas encore. Là où d'autres détestent l'idée de devoir ainsi affronter le vide, l'abstrait, la solitude, le non-matérialisé ;

- en négatif, l'agacement viscéral que j'éprouvais quand mes patrons avaient profité de mes vacances pour poser des rendez-vous dans mon agenda… alors que c'était parfaitement logique et normal ! Mais je détestais qu'on décide à ma place ce que je devais faire, où et quand.

Dans ces deux simples réponses apparaissaient ainsi déjà très bien le besoin farouche d'indépendance et le goût inné pour la créativité, la conception, l'écriture. Or, c'est bien sur ces bases que je vais créer une activité résolument indépendante… dans laquelle réflexion, conception et écriture vont tenir une place majeure !

Les meilleures idées sont souvent les plus évidentes. Et pour vous ?

Des plus, des moins… et des *drivers* !

L'étude d'ensemble de vos réponses va permettre de dégager les tendances qui vous sont propres. En confrontant ainsi les situations qui vous conviennent et celles qui ne vous conviennent pas, en les analysant, en les hiérarchisant, nous allons pouvoir facilement mettre en lumière vos préférences dans ce qu'elles ont de plus stable et de plus constitutif.

L'objectif : dégager clairement les deux, trois, quatre *drivers* clés… pour vous !

Intérêt : l'analyse ne repose pas sur des déclarations, mais sur le recensement de vécus réels. Et les vécus ne trompent jamais…

À titre d'exemples, et pour vous aider à réfléchir, on pourrait évoquer à ce stade douze *drivers* classiques, sans que cette liste ne soit en rien exhaustive. L'important, ce sont les vôtres !

À noter : l'ordre, ici, n'a pas d'importance. À vous de définir vos priorités et l'ordre spécifique dans lequel elles s'expriment pour vous.

- Indépendance
  - Idées clés : liberté ; faire librement, quand, où et comme ça me plaît ; maîtrise de son temps, de son espace, de ses relations.
  - Refus : obéir, se soumettre, prendre des ordres, avoir un patron.
  - Exemples types : concepteurs, graphistes ou développeurs informatiques freelances, avocats à leur propre compte, chauffeurs de taxi indépendants.
- Créativité
  - Idées clés : mobilité, flexibilité ; innovation, faire différemment, faire à ma façon ; créer des formes ou des approches ; exercer un métier créatif.
  - Refus : faire toujours la même chose, de la même manière, comme on me l'a appris ou demandé.
  - Exemples types : décorateurs d'intérieur, publicitaires, cinéastes, comédiens.
- Expertise
  - Idées clés : incarner et développer une expertise spécifique ; être reconnu comme expert, comme « sachant ».
  - Refus : dégrader son savoir-faire, travailler sans être garant d'une technique, d'un outil, d'une expertise précise et valorisante.
  - Exemples types : artisans d'art, cuisiniers, ingénieurs spécialisés, consultants experts.
- Service
  - Idées clés : contribuer à réaliser un produit ou un service utile à d'autres ; rendre service ; aider ; accompagner de façon spécifique, qualitative.
  - Refus : des travaux trop autocentrés, ou dépourvus de relations à l'autre.
  - Exemples types : serveurs, médecins, instituteurs, thérapeutes, pompiers.

- Sécurité
  - Idées clés : se sentir en sécurité ; ne pas s'exposer ; bénéficier d'un confort *a priori* durable.
  - Refus : prendre des risques, affronter l'inconnu.
  - Exemples types : métiers de routine et de raison, dans des organisations rassurantes par leur taille et leur pérennité supposée, positions de fonctionnaires (au sens de : garantissant d'emblée un emploi à vie, dans un cadre précis et sécurisé).
- Utilité
  - Idées clés : faire avancer le monde ; incarner ses valeurs ; développer des projets qui ont du sens.
  - Refus : travailler selon des orientations, des finalités, des valeurs auxquelles je n'accorde pas de crédit.
  - Exemples types : collaborateurs ou responsables d'ONG, certains entrepreneurs ou consultants militants, certains militaires aussi, des élus convaincus, des hauts fonctionnaires engagés.
- Expression physique
  - Idées clés : besoin d'agir, de se dépenser ; besoin d'être en extérieur, en mouvement, de ne pas être dans un bureau ; besoin de s'exprimer physiquement.
  - Refus : être fixé dans un bureau ou devant un écran, rester statique.
  - Exemples types : danseurs, militaires, commerciaux nomades, éducateurs sportifs.
- Relations
  - Idées clés : travailler en équipe, avoir du monde autour de soi, être apprécié, partager, ne pas être seul.
  - Refus : la solitude, l'isolement, des échanges pauvres ou limités.
  - Exemples types : commerçants, barmen, patrons de clubs de sports, managers d'équipes importantes en proximité.

- Développement
  - Idées clés : croissance ; faire avancer ; construire.
  - Refus : gérer seulement de façon statique, maintenir l'existant.
  - Exemples types : tous types d'entrepreneurs, de promoteurs, de développeurs.
- Argent
  - Idées clés : rémunération élevée ; recherche de plus-values systématiques, de gains rapides et importants.
  - Refus : un salaire ordinaire, vécu comme médiocre et dévalorisant.
  - Exemples types : traders et courtiers, commerciaux B to B, métiers de la finance ou de l'immobilier.
- Pouvoir
  - Idées clés : statut ; pouvoir ; reconnaissance associée.
  - Refus : des positions subalternes, être dominé, empêché d'avancer.
  - Exemples types : dirigeants de grandes organisations, avocats d'affaires, métiers de la politique (car ce sont aussi des métiers).
- Dépassement de soi
  - Idées clés : prouver à d'autres que j'en suis capable, se challenger, aller plus loin, dépasser encore et toujours ses limites.
  - Refus : l'absence d'ambition, de challenge, de possibilités de progrès personnels réels.
  - Exemples types : sportifs professionnels, certains entrepreneurs, certains chercheurs, certains artistes aussi.

Histoires vraies : questions d'orientation pour de jeunes bacheliers en puissance !

Le manque d'expériences vécues semble rendre *a priori* l'exercice de recherche des *drivers* limité pour des adolescents. Mais il fonctionne en réalité très bien aussi malgré tout. Comment ? En considérant toutes les dimensions d'activité déjà expérimentées, au collège, au lycée, comme en dehors. Tout ce que j'aime faire/ne pas faire, tout ce dans quoi je peux me projeter ou non, les matières, les disciplines, les sports, les jeux, les activités, les distractions que je préfère, ceux que j'évite, servent ainsi de base tangible pour faire émerger des préférences réelles.

- Le besoin de service, l'envie d'incarner des valeurs collectives fortes et la nécessité vitale d'une expression physique quotidienne ont mené ainsi – logiquement – l'un de mes jeunes clients vers une carrière militaire.
- Le goût et le sens profond des relations, ainsi que le peu d'appétences pour les dimensions abstraites ou théoriques, couplés à une forte envie de confort matériel et d'aisance financière, en ont conduit une autre – en conscience – vers les métiers de la négociation immobilière.
- Le goût des études et du challenge, l'appétence pour les sciences, l'envie en même temps d'une carrière internationale, où l'on puisse beaucoup voyager, en ont guidé une troisième vers le Bachelor en anglais d'une grande école d'ingénieurs.
- Le besoin de concilier créativité personnelle, appétence pour la photographie, et goût du travail en équipe a incité un quatrième à opter pour les métiers de la production audiovisuelle.

En synthèse : satisfactions, *drivers*… et diagnostic !

Maintenant que vous êtes plus au clair avec ce qui vous *drive*, vous nourrit, vous satisfait ou non dans des contextes d'activités professionnelles différents, vous pouvez reprendre le récit d'ensemble, et notamment relire votre insatisfaction actuelle avec plus de recul et d'acuité.

Vous allez ainsi pouvoir vérifier qu'il y a bien cohérence entre les *drivers* que vous avez identifiés et les vécus associés, mais aussi mieux appréhender vos clés d'insatisfaction réelles.

Ce sera une excellente base pour réfléchir à des questions (importantes) telles que :

- est-ce que ce job vous convient en réalité, mais que les conditions d'exercice, elles, ne vous conviennent pas ?
- est-ce qu'il ne vous satisfait pas/plus et appelle un changement ?
- est-il donc question ici pour vous d'un changement radical… ou non ? Et sur quelles bases cette fois identifiées ?

Un exemple vécu

L'un de mes clients – ingénieur spécialisé en BTP – a ainsi réalisé dans l'échange que les seuls moments où il avait été bien au travail étaient ceux où il avait pu travailler en développement, très en amont, sur des projets d'immeubles à construire ou à rénover, là où tout est encore à faire, où on peut imaginer, concevoir, discuter, négocier librement, sur plans, schémas, devis… Et que tous les moments lourds, pénibles pour lui, correspondaient – à l'inverse – à des jobs de pur suivi, de réalisation concrète dans la matière, de chantiers effectifs, là où il n'y avait justement plus rien à inventer, seulement à faire, à gérer, à manager. Les deux dimensions font bien partie du métier, mais, selon ses propres appétences, on peut être plus en phase avec l'une qu'avec l'autre. D'une certaine façon, il le savait déjà, mais ne l'avait jamais conscientisé aussi clairement. Il n'avait donc pas pris ses décisions professionnelles sur cette base... pourtant essentielle pour lui ! Il s'ennuyait ainsi dans un job trop opérationnel à son goût, qu'il a cette fois quitté pour retourner avec plaisir dans un job de développement pur.

Seul ou accompagné ?

La démarche peut être conduite seul bien sûr, mais c'est souvent plus facile à deux, en face d'un tiers neutre, indépendant, expérimenté qui saura créer un cadre d'accueil adapté, vous écouter en profondeur, vous questionner, vous challenger, vous stimuler, peut-être même vous conseiller si vous en avez besoin.

À noter : la question est reprise et développée concrètement en fin de livre (voir partie 3, chapitre 6 : « Changer de vie »).

Si vous ne souhaitez cependant pas être accompagné dans la démarche, et si vous n'avez pas un rapport trop distant à l'écriture, vous pourriez utiliser l'écrit pour guider votre réflexion. En écrivant ainsi le bilan de chacune de vos expériences passées, en posant par écrit les situations qui vous inspirent et celles qui vous pèsent, en regardant attentivement ce que vous avez écrit, en élaborant à partir de tout cela... L'écriture est en effet un excellent outil d'autocoaching, permettant de s'exprimer *et* de se regarder, de poser des idées et de les reprendre ensuite avec une certaine distance, et ainsi de s'engager vis-à-vis de soi-même dans un processus éclairant.

CHAPITRE 2

Choisir le changement dont VOUS avez besoin

Ne pas se tromper de changement !

L'objectif, ce n'est pas de comprendre… mais de changer ! Quelque chose. Là, maintenant. De façon à vivre mieux au travail, le plus rapidement possible. S'ennuyer, galérer, souffrir ne sert à rien ni à personne !

Très vite, l'enjeu devient donc la définition du changement dont vous avez besoin aujourd'hui. Vous. Personnellement. En fonction de vos *drivers*, de vos envies, de vos clés de satisfaction réelles. Ou comment transformer le diagnostic posé en plan d'action concret et argumenté !

Or, à ce stade, l'expérience montre que le risque est réel… de se tromper de direction. De penser qu'il nous faut changer de job, alors qu'on a seulement besoin de changer la manière dont on pense ou vit son travail. Ou de croire qu'on est prêt à réinventer sa carrière de fond en comble, alors qu'on a seulement besoin d'y faire un pas de côté.

Six modalités de changement différentes

Pour vous aider à bien définir le changement qui vous concerne, je vous propose – et ce sera l'un des axes majeurs de cet ouvrage – de penser les changements potentiels selon six dimensions possibles. Six manières de changer, distinctes et complémentaires :

- changement de narration, c'est-à-dire de récit intérieur (quels films je me fais et dans quelle mesure ils contribuent à ma difficulté ?) : se raconter le travail autrement pour mieux le vivre ;
- changement de posture, c'est-à-dire d'attitude au travail : se comporter différemment au travail ;
- changement de job, c'est-à-dire de lieu d'exercice du métier : faire la même chose, mais ailleurs, donc autrement ;
- changement de niveau, c'est-à-dire de conditions d'exercice : conserver le même métier, mais l'incarner autrement, comme manager, ou à son compte, par exemple ;
- changement de voie (professionnelle), c'est-à-dire de métier : se réinventer, se reconvertir ;
- changement de vie, au sens de changement de dimensions de la vie personnelle : ou comment faire évoluer d'autres dimensions de son existence que celles en lien direct avec le travail, avec néanmoins un impact sur son vécu de la vie professionnelle.

Les deux premières correspondent ainsi à des questions plutôt intérieures. Ça se joue entre moi-même… et moi-même ! Je n'ai pas besoin de changer quoi que ce soit d'extérieur, seulement mes propres approches internes au/du travail.

Les deux suivantes correspondent plutôt à des questions d'exercice du job que l'on a choisi. Je n'ai pas besoin de changer de métier, mais de configuration de travail.

Les deux dernières, enfin, correspondent à des changements plus radicaux. Soit qu'il s'agisse d'un vrai changement de métier, de voie professionnelle, soit que la vie me demande activement d'autres changements, dans d'autres dimensions de mon existence, et qu'il est important que je l'entende.

Les différences

Pour vous permettre de mieux vous situer ainsi en première intention, et mieux vous sensibiliser à l'ensemble des changements possibles au travail, voici déjà quelques clés de compréhension des différences entre les six options possibles. Selon deux hypothèses, l'une plutôt liée à l'ennui, l'autre à la souffrance, selon l'expression la plus évidente de votre insatisfaction à vous :

- Changer de narration si…
  - Je m'ennuie au travail parce que je m'y raconte une histoire ennuyeuse.
  - Je souffre au travail parce que je m'y raconte une histoire douloureuse.
- Changer de posture si…
  - Je m'ennuie au travail parce que je le vis de façon trop routinière, ou trop désengagée.
  - Je souffre au travail parce que je me rends le job très lourd à porter.
- Changer de job si…
  - Je m'ennuie au travail parce que ce travail ne m'intéresse plus.
  - Je souffre au travail parce que le contexte d'exercice est par trop difficile ou dégradé.
- Changer de niveau si…
  - Je m'ennuie au travail parce que je ne m'y exprime pas assez.
  - Je souffre au travail parce que certains de mes *drivers* profonds n'y sont pas respectés.
- Changer de voie si…
  - Je m'ennuie au travail parce que ce travail ne me ressemble pas, ne me nourrit pas intérieurement.

– Je souffre au travail parce que la partie la plus vivante de moi réclame vigoureusement d'autres nourritures !

- Changer de vie si…
  – Je m'ennuie au travail parce que j'ai profondément besoin de vivre autre chose dans ma vie et que le travail ne suffit plus à m'en distraire.
  – Je souffre au travail parce que je suis en souffrance dans ma vie personnelle.

Bien sûr, les changements correspondants peuvent être complémentaires. On peut avoir besoin de changer de narration pour changer de posture, ou de changer en même temps de job et de niveau.

Ils peuvent être aussi successifs en fonction des moments, des phases de vie. On peut, quand on est jeune, avoir d'abord besoin de changer de posture et – plus mature – avoir besoin de changer de niveau ou de voie professionnelle. On peut avoir besoin de changer de job quand on va bien, et de changer de vie quand on s'est perdu de vue.

Ce n'est pas si clair pour vous ? Vous ne savez pas très bien encore de quoi il retourne ? Vous avez du mal à vous situer ?

Pas d'inquiétude, tout est repris, illustré, détaillé dans la partie 3 !

Et vous disposez même à la fin de la partie 2 d'un questionnaire très simple d'autodiagnostic !

La question des compétences

On peut bien sûr être en difficulté au travail parce qu'on ne s'y sent pas compétent.

Si vous avez ainsi le sentiment d'avoir du mal à produire ce qui vous est demandé, un changement va être nécessaire là aussi, mais la question de quel changement vous avez besoin reste première…

- Peut-être avez-vous besoin simplement de formation ? De soutien ? D'accompagnement ? Ce n'est pas parce que je ne sais pas faire aujourd'hui que je ne peux pas apprendre. Et peut-être pourriez-vous solliciter ainsi un appui, un coaching, un mentorat, une formation spécifique...

- Peut-être n'est-ce pas votre voie ? Ce métier est peut-être trop loin de qui vous êtes, de ce que vous aimez faire, de ce que vous avez envie de développer...
- Ou peut-être... pensez-vous ne pas être au niveau, alors que vous l'êtes ? Et là, il vous faudra plutôt changer de récit intérieur pour retrouver le fil de votre confiance.

Une clé de réflexion concrète : n'hésitez pas à dresser la liste positive de tout ce que vous faites bien au travail, de tout ce que vous avez déjà réussi. Une façon toujours de reprendre confiance s'il en était besoin...

L'écriture sera toujours pour vous un allié précieux, surtout si vous n'êtes pas accompagné dans la démarche. Car elle permet de poser le diagnostic et de prendre le recul nécessaire.

CHAPITRE 3

Incarner le changement choisi

Oser faire le pas...

Réfléchir, analyser, comprendre, poser un diagnostic ne suffit pas. Même s'il est juste et argumenté ! Il va falloir aussi passer à l'acte et franchir le pas... ce qui n'est pas toujours le plus facile.

Pour vous y aider, voici déjà quatre conseils d'expérience, selon quatre mots clés :

- **Patience**
  - Le principe : se donner le temps. Qu'il s'agisse de changements intérieurs ou extérieurs, le changement prend toujours du temps ! Changer de narration interne ne se fait pas en claquant des doigts et trouver un nouveau job de bon niveau, qui nous plaît, non plus.
  - L'ennemi ici : toute forme d'impatience ! Il est tentant de vouloir aller vite... et dangereux de se précipiter. Se fixer des objectifs volontaristes (avoir retrouvé un boulot avant l'été, par exemple) est souvent la meilleure manière de se mettre une pression inutile et improductive. D'autant que certains délais par nature ne nous appartiennent pas. Ce n'est pas vous qui fabriquerez l'opportunité dont vous avez besoin.

Vous ne savez pas quand votre nouvel employeur potentiel va prendre sa propre décision. Et le temps que vous mettrez à transformer vos propres pratiques est également impossible à définir avant de s'y confronter[1].

– Un exemple éclairant : l'une de mes clientes – enfermée dans un job trop étroit pour elle – accepte de se remettre en mouvement. Nouveau CV, nouvel argumentaire, nouveau pitch, réanimation de son réseau… elle retrouve le fil d'un discours positif et la confiance qui va avec, passe des entretiens, constate que son profil intéresse, reprend goût à l'exercice et avance. Parfait. Mais elle a tellement hâte de changer de job qu'elle se précipite sur la première proposition cohérente qu'on lui adresse… et retombe dans le même type de situation que celle qu'elle avait quittée.

– La bonne nouvelle : la vie nous offre les opportunités dont nous avons besoin si nous savons la solliciter. Et il suffit parfois de peu de temps pour que quelque chose s'ouvre quand on a vraiment changé en soi d'attitude. À condition d'être juste, vrai, entier dans sa démarche.

> ***« On ne se débarrasse pas d'une mauvaise habitude en la flanquant par la fenêtre ; il faut lui faire descendre l'escalier marche par marche. »***
>
> Mark Twain

1. C'est aussi pourquoi la tentation de certains coachs de fixer un nombre de séances nécessaires avant même d'avoir commencé l'accompagnement est une pratique en réalité très improbable. Il est impossible de savoir avant ce qu'il va en être, sauf à enfermer une situation unique et vivante dans une méthodologie prédéfinie garantissant un revenu minimum.

- **Confiance**
  - Le principe : accepter de ne pas tout savoir avant. On apprend aussi en marchant.
  - L'ennemi ici : la volonté de contrôle. Il est naturel d'avoir besoin de se rassurer, et logique de vouloir le faire en cherchant à savoir déjà comment sera l'étape suivante. C'est souvent impossible ici. Il faut d'abord lâcher, selon le principe très simple selon lequel on ne peut pas se rhabiller de neuf… tant qu'on ne s'est pas déshabillé en entier.
  - Une comparaison éclairante : chercher un nouveau job, c'est comme chercher un appartement. Souvent, c'est seulement quand on le trouve qu'on comprend réellement ce qu'on cherchait. Vouloir tout définir à l'avance ne sert donc à rien, si ce n'est à se rendre moins ouvert face aux opportunités que la vie va nous proposer.
  - La bonne nouvelle : se mettre en route est déjà un soulagement, une ouverture, une brèche créée dans une situation trop fermée. Et, surtout, la route elle-même est riche d'enseignements. Réfléchir, exprimer, rencontrer, oser, chercher… nous rendent déjà plus riches et plus vivants. Allez-y !

> ***« Un voyage de mille lieues commence par un pas[1]. »***
>
> Lao-tseu

- **Prudence**
  - Le principe : le changement se prépare et s'organise. Un nouveau job s'évalue en amont, une reconversion se finance, une nouvelle vie se construit.
  - L'ennemi ici : la naïveté. Réinventer sa vie est une tentation légitime et joyeuse, mais confondre d'emblée le rêve et la réalité est toujours très imprudent. Il y a une ligne de crête

---

1. Lao-tseu, *Tao-tö king*, trad. fr. Liou Kia-hway, Gallimard, « Connaissance de l'Orient », 1967, chap. LXIV.

à définir et à suivre entre vérité intérieure et adaptation extérieure.

– Un exemple éclairant : après des années passées à manager des équipes dans une grande organisation, et un burn-out aussi, une jeune femme – qui a entrepris des études de thérapeute et commencé à pratiquer le coaching – profite d'un licenciement négocié et décide de déménager en Bretagne. Elle s'achète enfin la maison de ses rêves, y conduit toute sa famille, enfants et compagnon, dessine dans sa tête la vie idéale qu'elle souhaite y mener. Parfait. Mais elle ne sait pas du tout où et comment elle va trouver des clients, *a fortiori* dans une région où elle ne connaît encore personne. Le peu de clients dont elle dispose déjà… est à Paris, et ses meilleurs contacts aussi. Après ainsi des mois à faire des allers-retours en train, non sans avoir brûlé toutes ses économies, elle devra revenir en région parisienne et reprendre – sans conviction – un job salarié dans la continuité de ses expériences précédentes. Ne pas penser le *business model* peut être une manière de se lancer pour les plus aventureux, mais c'est aussi et surtout – parfois – une façon de ne pas affronter le réel.

– La bonne nouvelle : quand on est profondément motivé par un changement, qu'on le porte au plus profond de soi, on va trouver des solutions. Mais il peut falloir du temps pour les construire dans le réel. Et elles ne seront pas nécessairement confortables d'emblée…

« Qui ne se préoccupe pas de l'avenir lointain, se condamne aux soucis immédiats[1]. »

Confucius

1. Confucius, *Les Entretiens de Confucius*, trad. fr. Pierre Ryckmans, Gallimard, « Connaissance de l'Orient », 1987, p. 84.

- **Engagement**
  - Le principe : s'engager dans la démarche. Résolument !
  - L'ennemi ici : le dilettantisme et l'ambivalence. Changer à moitié, changer sans changer, vouloir changer de peau sans rien changer dans sa vie, penser qu'on peut changer radicalement d'attitude tout en restant exactement le même est par nature impossible.
  - Un exemple éclairant : un de mes clients vient me consulter parce qu'il s'ennuie au travail. Beaucoup. Vraiment beaucoup. Chance pour lui : il travaille dans une grande organisation internationale à Paris, avec un niveau de salaire (non imposé fiscalement) sans rapport avec les pratiques du marché. Souci : cette chance est aussi une malchance, car elle lui offre un tel niveau de confort que toute solution alternative en devient démotivante. Il aimerait changer, mais sans changer de niveau de vie, ce qui est impossible. Finalement, il hésitera, réfléchira, hésitera encore, et préférera ne pas bouger. Non pas qu'un changement était impossible (ne serait-ce que sur d'autres plans), mais que la contradiction permanente entre l'envie de changer et le besoin de confort et de sécurité a eu raison de ses motivations.
  - La bonne nouvelle : le changement appelle toujours le changement ! C'est tout le principe des thérapies brèves. Toute mise en mouvement crée un changement, qui à son tour génère des changements qui permettent des ouvertures, qui créent des opportunités, qui offrent des possibilités de changement, etc. Et c'est d'autant plus vrai que l'envie de changer est plus décidée !

« Là où il y a une vérité,
il y a une voie[1]. »

Quatre histoires vraies de changements réussis

Parce que de très nombreux changements positifs peuvent avoir lieu… surtout quand on a compris lequel était important pour nous aujourd'hui !

La preuve en quatre exemples.

Véronique : changer de voie… ou seulement de narration ?

Quand Véronique vient me voir en 2003 – c'est ainsi l'une de mes toutes premières clientes –, elle peut, depuis quelques semaines, à peine se lever pour se rendre à son nouveau travail. Pourtant, rien *a priori* n'explique ce brusque découragement. Elle vient de quitter un job dans une grande compagnie d'assurances – où elle réussissait très bien – pour un autre, en apparence intéressant et mieux payé, dans une compagnie plus grande et plus prestigieuse. Et rien dans son nouveau job ne semble problématique. Les relations de travail sont

1. J'ai écrit cette phrase dans mon blog – justeplaceautravail.fr – en titre d'un article il y a déjà quelques années. L'idée était de combattre la maxime anglo-saxonne « *Where there's a will, there's a way* », équivalent en anglais de « Si on veut, on peut », parce que cette idée volontariste – très répandue – est souvent fausse en réalité. Si je veux ce que je ne peux ni ne dois obtenir, ça ne se passera pas bien, et insister ne servira qu'à rendre la question plus difficile encore. À l'heure où j'écris ces lignes, par exemple, le champion de tennis Rafael Nadal veut revenir coûte que coûte au plus haut niveau. Nul ne peut douter de sa volonté. Mais si son corps lui dit non, il n'y aura pas d'issue pour autant. Si la vérité de son usure physique est la seule vérité à l'œuvre, il n'y aura de voie que pour une retraite élégante, n'en déplaise à son vouloir activiste…

correctes, son patron est courtois, le job globalement conforme à ce qu'on lui avait annoncé.

Comme elle ne supporte cependant plus d'aller au travail, elle vient me voir – dans une forme d'urgence – pour changer… de métier. Changer de voie. Quitter ce monde où elle ne parvient plus à vivre bien. Faire, inventer autre chose. OK, mais elle n'a aucune idée de ce que ça pourrait être et elle est bien trop inquiète, bien trop tendue, pour pouvoir y réfléchir sereinement. Au bout de quarante minutes environ du premier entretien, je lui propose donc de travailler d'abord sur la gestion concrète de la situation actuelle. Nous entrons ensemble dans le détail de ce qu'elle vit, et aussi de comment elle se le raconte. Pour s'apercevoir qu'elle s'est mis une pression terrible sur les épaules, tant elle a peur de décevoir ses nouveaux patrons dans son nouveau job. Sans qu'on le lui demande. Alors qu'elle est manifestement compétente, et déjà reconnue comme telle.

Au bout de dix séances, à force de recul, de prendre de la distance, de relire la situation autrement, quelque chose en elle s'est apaisé. Elle m'explique alors que le job finalement lui va bien, et qu'elle ne souhaite plus réfléchir à un changement d'orientation pour le moment.

Dix ans plus tard, je la recroise par hasard à l'occasion d'une conférence pour la sortie de *Trouver sa place au travail*[1]. Elle évoluait toujours dans la même entreprise, sans difficulté, et commençait seulement à réfléchir… à changer peut-être de voie.

Lucas : changer de narration… pour pouvoir changer de voie !

Lucas est un jeune homme brillant, mais désespéré. Son père est architecte, sa mère aussi, il est programmé pour faire de hautes études, il s'inscrit donc en études d'architecture. Pourrait-il même faire autrement ? Y a-t-il pour lui d'autres voies possibles ? Il passe

1. Didier Goutman et Juliette Allais, *Trouver sa place au travail*, Eyrolles, 2012 et Le Livre de Poche, 2015.

sans trop de difficultés la première année, mais cale en début de seconde. Il n'y croit plus et abandonne. Il tente alors d'autres options, entre en première année d'histoire puis de psycho, sans plaisir et sans convictions. Et finit prostré chez lui, sans envies, sans ressort et sans espoir de futur.

Avec l'aide d'un ami de la famille, son parrain, nous parvenons à le convaincre de sortir et de venir me voir. Il me raconte son vécu, en détail, avec beaucoup de sincérité. Je comprends assez vite pourquoi il a calé face aux études d'architecture. Lucas est très créatif en effet, passionné par le dessin, mais aussi par les langages symboliques, capable d'un discours déjà très élaboré, à l'évidence parfaitement câblé intérieurement pour faire des études complexes. L'architecture – outre le modèle familial à l'œuvre – lui a donc semblé une voie naturelle. Mais la réalité du métier d'architecte est aussi très technique, et c'est logique. Construire un immeuble, c'est savoir le faire tenir debout concrètement, s'engager dans des calculs structurants, évaluer la résistance des matériaux, etc. Or, il n'a, en fait, aucune appétence pour la dimension ingénieur du métier. En première année, les dimensions les plus techniques n'étaient pas encore trop présentes. En deuxième année, c'était déjà plus clair, et les contraintes associées d'autant plus lourdes pour quelqu'un qui n'aime aucun de ces aspects.

Lucas a donc simplement besoin de se réorienter, de changer de voie, pour revenir sur son propre chemin. Mais, pour y parvenir, il lui faut d'abord changer de narration. Sortir d'une logique d'échec pour entrer dans une logique de choix personnel. Accepter de ne pas être celui que ses parents auraient aimé qu'il soit pour suivre ses propres inclinations. Oublier la déception supposée pour se concentrer sur ses qualités à lui.

Rapidement convaincu, et prenant conscience de ses *drivers* propres, il va très vite basculer. C'est souvent l'avantage avec les plus jeunes. Les bonnes idées ne sont jamais enfouies bien loin, et les mauvaises habitudes encore récentes. Il choisit donc – cette fois avec conviction – d'entrer aux Arts décoratifs et de poursuivre en parallèle une licence d'histoire de l'art. Le voici sur ses propres rails.

Aujourd'hui, il va très bien. Même ses relations affectives se sont beaucoup détendues, paraît-il. Car tout est lié bien sûr…

Romain : changer de posture, puis de job, puis de niveau (et un peu de voie aussi)

Romain est cadre dans une grande société française de distribution. Il a plutôt bien réussi sa première partie de carrière, a pris rapidement des responsabilités, son salaire a fortement augmenté, et puis il a changé de fonction, puis d'unité, puis de manager ; le contexte lui est devenu moins favorable et il se retrouve désormais à l'écart, placardisé, presque harcelé.

Quand il vient me consulter, il est désorienté, inquiet, déprimé. Le temps de l'aider à retrouver un peu de confiance – en retrouvant le fil et le sens de ses succès antérieurs –, il s'engage dans une recherche de job en interne, de façon à quitter au plus vite un boss qui manifestement se méfie de lui. Nouveau job, nouveau manager, nouveaux centres d'intérêt, nouveaux challenges, sa vie professionnelle est alors plus agréable et plus détendue, mais quelque chose pourtant ne le satisfait toujours pas. Il tente des changements de posture, fait évoluer sa manière de bosser, reprend des formations, mais ne parvient plus à trouver une vraie conviction au travail ni le sentiment d'un véritable alignement.

Un jour qu'il se demande quel job faire ensuite en interne, je lui propose de se positionner librement sur l'organigramme de l'entreprise. S'il pouvait choisir son prochain poste sans aucune contrainte… il ferait quoi ? Il irait où ? Pourquoi ? Face à l'organigramme, il hésite, reste silencieux, longtemps. Le silence se prolonge encore. Plus rien ne l'intéresse en fait… Et c'est bien de se l'avouer !

Logiquement, il décide alors de bénéficier d'un plan social, non sans hésitations bien sûr. Il n'est jamais simple de se retrouver exposé, seul, dehors, surtout après seize ans déjà dans la même organisation rassurante. Mais il bénéficie ainsi de temps, de conseils (par un cabinet d'*outplacement*) et même d'un budget de formation personnalisé.

Tenté par une position indépendante, aimant profondément la formation, l'animation et le travail en équipe, il décide de s'initier au métier de formateur, ainsi qu'aux coachings individuel et collectif. Il s'engage alors dans la formation avec conviction. Repéré par un cabinet, il commence à animer des premières sessions, puis d'autres, à rencontrer ainsi des clients potentiels, à organiser des séminaires internes. Une dynamique se met en place.

Aujourd'hui, il a réellement changé de place professionnelle. Il assume son indépendance en déployant ses qualités dans un métier qu'il a choisi et construit. Mais la démarche aura nécessité plusieurs années, elle se sera construite de façon progressive, étape par étape…

Quand on sait où on va, le temps est notre allié !

Valérie : assumer de changer de niveau… pas de posture au travail

Valérie occupe un très joli poste au Comex d'une société importante. Tout son environnement lui assure donc qu'elle ne doit pas changer, que c'est très bien ainsi, qu'elle a déjà beaucoup de chance. Mais elle s'y ennuie pourtant, faute de vrais projets nouveaux depuis plus d'un an. Et surtout, elle ne s'entend pas du tout avec son nouveau boss, très différent du précédent, beaucoup plus interventionniste et directif, et sans vision très claire pourtant.

Comme tout le monde lui explique que tout devrait bien aller, mais qu'elle ne se sent pas bien dans son job pour autant, elle vient me voir pour changer… de posture. Apprendre à être plus souple et plus patiente. Couler sa forme – que d'aucuns jugent abrupte – dans une enveloppe plus politique. Un coaching d'adaptation en quelque sorte.

OK, mais est-ce bien la question ? S'adapter ici… pour quoi faire ? Ça ne sert à rien de garder son pied dans une chaussure trop petite. Ni d'accuser le pied d'être trop grand. Ni de vouloir le former, le coacher ou le manager pour qu'il entre dans la chaussure quand même…

En réalité, elle rêve de plus de responsabilités… et elle en a moins ! Alors même qu'elle a jusqu'ici très bien réussi, et qu'elle est reconnue comme telle. Il est donc surtout essentiel pour elle aujourd'hui qu'elle reconnaisse sa valeur, son envie, son énergie pour pouvoir enfin les assumer. La question pour elle n'est donc pas de changer de posture… mais de job. Et aussi de niveau. De job pour retrouver un espace de jeu ouvert. De niveau pour oser enfin être celle qui dirige, et plus celle qu'on dirige. Et assumer ainsi sa force et sa maturité !

« Ça ne sert à rien de garder son pied dans une chaussure trop petite. Ni d'accuser le pied d'être trop grand. Ni de vouloir le former, le coacher ou le manager pour qu'il entre dans la chaussure quand même… »

Petit questionnaire d'autodiagnostic

L'exercice a bien sûr d'évidentes limites, la vie est bien plus subtile et plus nuancée, mais le questionnaire ci-dessous pourrait constituer malgré tout un tout premier pas vers une prise de conscience de ce qui VOUS manque, de ce qui VOUS serait nécessaire au travail aujourd'hui.

Si vous tentez l'exercice (deux questions seulement, c'est très simple et très rapide !), soyez honnête dans vos deux réponses. En effet, dans toutes les démarches de changement personnel, l'intégrité est sans doute LE facteur clé de succès essentiel.

À vous de jouer !

- Au fond de vous-même, si vous êtes vraiment honnête, aimez-vous (encore) le job que vous faites ? (On parle ici du métier, des contenus, pas du contexte spécifique, de l'organisation, des collègues, etc.)
  - ❍ Beaucoup
  - ❍ Un peu
  - ❍ Plus du tout
- Si vous avez répondu « beaucoup », qu'est-ce qui vous rend pourtant le job difficile/insatisfaisant aujourd'hui ?
  - ❍ Plutôt le contexte spécifique de travail (la pression, votre manager, les valeurs de l'organisation, etc.)
  - ❍ Plutôt la manière dont vous le vivez (perfectionnisme, insatisfaction chronique, etc.)

- ❍ Plutôt votre vie personnelle en parallèle (soucis de famille, de santé, déficit de créativité, de sens, de mouvement, etc.)

- Si vous avez répondu « un peu », qu'est-ce qui pourrait vous le rendre plus intéressant ? Ou plus agréable à vivre ?
  - ❍ Plus d'engagement de votre part
  - ❍ Un autre contexte, plus épanouissant
  - ❍ Une autre manière de le faire, plus de liberté, d'autres responsabilités

- Si vous avez répondu « plus du tout », êtes-vous prêt à en changer radicalement ?
  - ❍ Oui (même si je doute, même si j'ai peur)
  - ❍ Oui, mais je ne sais pas pour/vers quoi
  - ❍ Pas encore, pas maintenant

- Sur la base de ces deux réponses, les suggestions de changement naturelles seraient donc plutôt :
  - ❍ J'aime mon job, mais pas le contexte ? Suggestion : changer de JOB ou de NIVEAU
  - ❍ J'aime mon job, mais pas la manière dont je le vis ? Suggestion : changer de NARRATION ou de POSTURE
  - ❍ J'aime mon job, mais pas ma vie ? Suggestion : changer de VIE
  - ❍ J'aime un peu/moins mon job et je manque d'engagement ? Suggestion : changer de NARRATION ou de POSTURE
  - ❍ J'aime un peu/moins mon job et j'aimerais d'autres contextes d'exercice ? Suggestion = changer de JOB (au moins pour commencer)
  - ❍ J'aime un peu/moins mon job et je voudrais d'autres responsabilités, d'autres libertés ? Suggestion = changer de NIVEAU
  - ❍ Je n'aime plus mon job et je suis prêt à en changer ? Suggestion : changer de VOIE (au moins commencer à l'envisager et y réfléchir sérieusement)

- Je n'aime plus mon job et je ne sais pas vers quoi me tourner ? Suggestion : changer de POSTURE à court terme… et préparer la suite ? (En sachant que ça risque de prendre du temps)
- Je n'aime plus mon job et je ne suis pas prêt à en changer encore ? Suggestion : changer de NARRATION ou de POSTURE… ou changer de VIE (parce que ce serait bien de changer quelque chose malgré tout, sans tarder…)

PARTIE 3

Les applications : 6 voies différentes pour changer... en mieux !

Comme nous l'avons déjà évoqué dans la partie précédente, le changement au travail est par nature protéiforme. Il peut en effet se penser et s'incarner selon des axes, des logiques, des propositions très différentes. Il n'y a pas une seule manière de changer !

En fonction de son vécu, de ses compétences, de ses envies, de ses contraintes, chacun va pouvoir ainsi trouver une manière qui lui est propre de faire évoluer positivement sa situation professionnelle.

Pour vous aider à trouver la vôtre aujourd'hui, nous allons donc passer en revue – cette fois de façon détaillée, avec de nombreux exemples associés – les différentes clés de changements concrets.

Parce que chaque situation mérite une analyse spécifique, pour une réponse qui lui est propre.

Vous êtes unique, la réponse dont vous avez besoin aussi.

Rappel : comme évoqué déjà en avertissement, cette réflexion sur le changement suppose bien sûr une énergie, un équilibre, une disponibilité, surtout si vous la conduisez seul. Si vous êtes trop épuisé par exemple, trop tendu, trop préoccupé, un changement préalable sera nécessaire. S'arrêter, se reposer, changer d'air, s'occuper de soi sera sûrement nécessaire d'abord, et peut-être consulter aussi : un médecin, un thérapeute…

CHAPITRE 1
Changer de narration

Se raconter l'histoire autrement, vivre son job différemment, avec plus de distance ou de légèreté par exemple…

Nous sommes souvent victimes de nos narrations, mais nous ne le savons pas. Pourtant, la façon dont nous nous racontons le travail crée en permanence notre manière de le vivre et de l'incarner.

Qu'ils soient internes (dans nos têtes) ou externes (dans notre environnement), nos récits sont en effet créateurs. Ce que je me dis, ce que je vous dis, ce que je répète, ce dont j'aimerais vous convaincre façonnent ainsi ma réalité. Que j'en sois conscient ou pas.

Définition

Par changer de narration, nous entendons ici le fait de se raconter différemment les situations de travail. Bien sûr plus positivement ! Voir, parler, vivre la partie pleine du verre, et pas sa partie vide. Parier sur les qualités de l'autre, pas sur ses limites ou ses défauts supposés. Considérer les possibilités, pas les impasses.

C'est le levier de changement le plus simple en réalité. Il n'y a rien d'autre à changer ici que notre discours, intérieur et/ou extérieur.

Attention ! Changer de narration – et tout ce qui va suivre dans ce chapitre – ne concerne que des situations où je suis largement l'auteur de mon propre vécu négatif. Si je suis très concrètement victime d'un patron toxique, de collègues malveillants ou de harcèlement direct, la question n'est, bien sûr, plus du tout la même. Il s'agira là de changer de posture (oser s'opposer, réclamer, porter plainte…) ou, plus sûrement, de job, afin de retrouver un environnement harmonieux !

Questions en jeu

Il est toujours facile de se faire des films, et parfois tentant de se plaindre.

Bien sûr, il y a des logiques (parfois collectives) à l'œuvre et des bénéfices évidents. Être la victime d'un sort considéré comme injuste peut constituer une position à la fois enviable et pratique. Enviable parce qu'elle nous donne de l'importance, et renforce le sentiment d'être spécial, ce que l'ego apprécie toujours. Et pratique parce qu'elle nous dédouane de tout effort pour oser, changer, se confronter. « Ne pas pouvoir », « ne pas avoir le droit », « être interdit de » sont d'excellentes façons de ne pas risquer d'échouer. Ou de réussir.

Mais, aussi tentant que cela puisse être de critiquer, d'accuser ou de se dévaloriser, ce sont toujours en réalité des pièges dans lesquels nous nous enfermons parfois trop facilement.

Citons ainsi quelques exemples fréquents de narrations négatives inutiles au travail :

- Je n'ai pas de valeur, je l'ai toujours su, pourquoi me ferait-on confiance ?
- À mon âge, tout le monde sait qu'il n'y a plus de solutions.
- En France, on ne peut pas changer de voie.
- Sans diplômes, on ne peut rien faire.
- Le monde (du travail) est pourri. Les patrons sont (tous) des salauds, etc.
- Travailler, c'est s'ennuyer. Mais on n'a pas le choix.

- Je ne peux pas réussir (à ce niveau) en tant que femme/LGBT/handicapé/autodidacte/d'origine étrangère/d'origine sociale modeste, etc.
- Je suis incapable de bien parler anglais/maîtriser un nouveau logiciel/gérer les conflits au travail/manager une équipe/présenter, m'exprimer en public, etc.
- Je ne peux pas faire confiance à mon boss/mes collègues/la RH/les hommes/les femmes/les jeunes/les seniors/le marketing/l'informatique, etc.

Changer de narration ? Quand se poser la question ?

- Quand vous tournez en boucle à l'intérieur de vous-même avec des pensées négatives au travail (sur vous, sur les autres, sur les tâches à accomplir, sur les conditions d'exercice).
- Quand vous lassez même vos proches par vos critiques et vos commentaires incessants…

« Tout le monde savait que c'était impossible. Un ignare ne le savait pas : il l'a fait[1]. »
Marcel Pagnol

Cercles viciés… et cercles vertueux !

Imaginez une situation très simple : l'apprentissage d'une nouvelle compétence qui vous est difficile. Informatique, anglais, prise de parole en public, tableaux Excel, reporting… choisissez quelque chose qui vous concerne.

1. Marcel Pagnol, *Cinématurgie de Paris*, Pastorelly, 1980, p. 148.

Vous pensez que vous n'êtes pas compétent pour l'exercice, en plus il vous déplaît, vous racontez à qui veut l'entendre que ce n'est pas pour vous. Donc vous l'évitez, c'est normal. Comme vous l'évitez, bien sûr, vous ne pouvez pas y progresser. Comme vous ne progressez pas, vous êtes d'autant plus tenté de fuir les situations concernées.

Elles vous sont donc de plus en plus difficiles, selon ce vieil axiome de coaching selon lequel : « Ce n'est pas parce que les choses sont difficiles qu'on ne les fait pas, c'est parce qu'on ne les fait pas qu'elles sont difficiles. » Vous êtes ainsi parfaitement convaincu *in fine* que vous aviez bien raison de ne pas y aller, que vous n'êtes pas doué pour ça, que décidément ce n'est pas pour vous…

Au départ, c'est juste un récit. Au point d'arrivée, la prophétie s'est réalisée. Vous pouvez penser que c'est logique. En réalité, vous avez tout créé vous-même ! Et si vous reveniez au point de départ ?

Si vous acceptiez de changer le récit, de vous dire que peut-être ce serait bien pour vous aujourd'hui d'apprendre l'anglais, Excel, à mieux parler en public ? Et s'il n'y avait aucune raison que vous n'en soyez pas capable (car dans la quasi-totalité des cas, il n'y a effectivement aucune raison de ne pas en être capable) ? Si sur ces bases – même si vous traînez un peu les pieds – vous entriez en formation, vous commenciez à progresser, vous pouviez y prendre plaisir ?

Le cercle est devenu vertueux.

Au point de départ, l'écart entre un cercle vertueux et un cercle vicié est très faible, juste une hésitation ou un pari, un peu de culot ou de défiance. À l'arrivée, il peut être considérable, entre savoir-faire, pouvoir faire, prendre confiance, avancer… et fuite, peur, évitement, défiance, échec.

Tout l'art consiste – pour chacun d'entre nous, là où il est concerné – à ne pas laisser nos narrations négatives prendre la main de nos évolutions.

Logiques à l'œuvre et clés de changement

Changer de narration est à la fois très simple, parfois d'une efficacité redoutable, et en même temps très difficile, car c'est justement à l'intérieur de nous – parfois de façon très mécanique, très habituelle, très ancienne – que les choses se créent d'une manière qui ne nous convient pas, qui ne nous convient plus.

Changer de narration va nous demander en effet :

- de considérer avec recul nos propres discours, positions, affirmations habituelles ;
- d'accepter pour une fois de les questionner, de ne pas les prendre pour évidents, pour acquis, pour argent comptant ;
- de prendre ainsi vraiment la responsabilité de nos positions intérieures et de leurs conséquences ;
- de parier qu'un changement serait possible… et même positif ! Sait-on jamais ?
- de tenter une approche différente… ne serait-ce que pour voir !

Six histoires vraies : parce que de vrais changements sont possibles !

Olivia et les dynamiques en recrutement

Olivia est une jeune femme issue de l'immigration, élevée dans le respect du travail et soucieuse de très bien faire. Diplômée d'une bonne école de commerce, sa carrière avait ainsi parfaitement commencé. Elle est recrutée par une structure de conseil réputée à la sortie d'un stage de six mois. Problème… elle en est licenciée presque aussitôt ! Ce licenciement sans motifs clairs, en période d'essai bien sûr, nourrit en elle une narration très négative. Elle en déduit qu'elle n'a pas sa place dans cet univers. Elle aborde donc sa recherche d'emploi sans confiance, sans énergie ni pouvoir de conviction. Et elle ne parvient pas à retrouver un job. Ce qui, bien sûr, achève de la convaincre qu'elle n'a pas de valeur.

Lors de nos échanges, je l'aide à comprendre que son interprétation des faits est pourtant largement discutable. Si elle n'avait pas été à sa place ici… ils ne l'auraient jamais recrutée ! Et s'ils l'ont virée au bout de quinze jours – alors qu'elle n'avait rien eu le temps de faire encore, aucune erreur non plus, rien de consistant –, c'est nécessairement pour des raisons qui n'ont rien à voir avec elle : des raisons financières peut-être (perte d'un client ? Par prudence, on réduit la voilure, on ne garde donc pas la dernière embauchée), politiques sinon (recruter plutôt à sa place le fils d'un client important, par exemple).

Ce que je lui expose est cohérent, elle m'entend, elle me suit. Sa narration en devient différente. On supprime de son CV ces quinze jours malheureux pour qu'elle n'ait plus besoin de les justifier, et qu'elle puisse tenir un discours d'autant plus naturel et détendu. Son attitude en recrutement redevient positive.

En deux mois, elle retrouve du travail dans un cabinet comparable. Elle y exerce toujours trois ans après.

Marc, Isabelle et les narrations incompatibles

Marc et Isabelle s'adorent. Ils ont créé ensemble un petit cabinet d'études qui tourne bien et auquel ils sont très attachés l'un et l'autre. Mais Marc a aussi d'autres projets, il a envie de partir en province avec son compagnon, et souhaite y construire d'autres activités, plus libres et plus personnelles. Pas de souci, Isabelle peut poursuivre l'aventure seule avec son aide à distance. Mais comme il a besoin d'argent pour financer ses nouveaux projets, il souhaite lui revendre ses parts. Isabelle est OK pour racheter.

Tout va donc très bien dans le meilleur des mondes possibles… sauf que les deux associés ne tombent pas du tout d'accord sur la valorisation concernée. L'un raisonne de façon plus affective, l'autre de manière plus froide. L'un vend et pense 20, l'autre achète et pense 8.

Les deux associés sont convaincus de la justesse de leur calcul, et campent fermement sur leurs positions. La relation se tend. Les échanges deviennent difficiles. Ils s'approchent de la rupture. Avec ici un risque de ne pas pouvoir poursuivre l'aventure. Sans accord entre eux, le cabinet n'est en effet plus viable.

Ils en viennent alors à me consulter. Je les reçois ensemble puis séparément. J'entends beaucoup d'affection entre eux, une envie réellement positive de trouver une solution, mais aussi deux narrations incompatibles, ce qui est très souvent le cas dans les situations conflictuelles. J'essaie de montrer à chacun où est l'autre et comment il raisonne, afin de les rassurer, et de rapprocher leurs positions. Mais ça ne suffit pas ici, car ça ne traite en aucune manière la question de fond, celle du chiffrage concret de la transaction.

J'insiste, je continue, je suggère, je les confronte. Une fois, deux fois, trois fois, quatre fois… Jusqu'à ce que l'un et l'autre commencent à chercher réellement une issue, donc à assouplir leurs positions, et à penser la transaction autrement. Une clé de résolution apparaît alors dans la manière de chiffrer la vente, à court et à moyen terme cette fois : avec une partie fixe et une partie variable, et des engagements réciproques étalés dans le temps. Une façon plus souple et moins binaire de penser l'achat et la vente, respectant mieux les positions, l'ego, les intérêts de chacun… Soulagés, les deux associés concluent alors rapidement la transaction.

Aujourd'hui, tout va bien.

Didier, ou comment manager son boss

Cet exemple me concerne directement, et renvoie à l'époque où j'étais encore salarié, responsable du planning stratégique et DGA d'une agence de communication importante, filiale d'un groupe connu. Dans l'exercice de mon job, et notamment lors de la conduite des appels d'offres, toujours très importants dans ce métier, j'avais souvent affaire à mon n+2, patron de l'agence de publicité mère. Sa personnalité était plutôt imposante, très autoritaire et largement crainte. Par prudence, je le traitais donc comme un danger potentiel, je l'évitais autant que je pouvais. Nos relations étaient ainsi plutôt médiocres, ce qui ne facilitait rien pour personne…

Un jour, assis à côté de lui en réunion, je vois son écriture pour la première fois et je réalise (car j'avais un diplôme de graphologie) que je n'ai pas affaire en fait à quelqu'un de très dominant… mais à quelqu'un de très sensible et de très inquiet ! Ma narration intérieure change totalement. Il ne s'agit plus de l'éviter, mais de le rassurer. Non pas : « Oui chef, bien sûr chef, comme tu voudras chef » (ce qui n'a jamais été mon fort), mais « Ne t'inquiète pas, je gère » (ce qui m'était plus naturel).

Le simple fait de l'avoir compris a tout changé. La relation s'est brusquement détendue. Il se sentait compris, je me sentais utile. Je n'étais plus en défense, mais ouvert, beaucoup plus juste dans l'interaction avec lui, agréable et positif… donc indispensable (trop d'ailleurs, mais ça, c'est une autre histoire…).

Luc et la volonté de contrôle

Luc est formateur à titre indépendant. Il aime animer des groupes, des ateliers, des séminaires, former, exposer, faciliter… Mais pour lui, les choses sont naturellement tranchées. Elles sont noires ou blanches. Si elles ne peuvent être tout à fait blanches, il faut bien qu'elles soient noires. Problème : le monde, lui, est gris, et la vie ne lui facilite donc jamais les choses.

Il m'appelle un jour parce qu'un de ses clients lui avait proposé d'animer un séminaire qui l'intéressait beaucoup. Il avait donc dit oui avec enthousiasme, pas de souci, tout était blanc. Problème : le client change ensuite les dates… et Luc n'est plus disponible ! À ces nouvelles dates, il est déjà engagé par ailleurs. Tout devient noir. Il s'en veut, il en souffre, il ne sait pas quoi faire, il ne veut pas perdre ce client, il ne sait pas lui parler, il n'arrive pas à réfléchir, pris par la déception et la colère, enfermé dans une vision binaire du monde.

La difficulté pour Luc est ainsi moins dans la situation réelle – même si elle est frustrante – que dans son incapacité à sortir du non : non, je ne veux pas perdre le chiffre d'affaires associé ; non, ça ne devrait pas se passer ainsi ; non, c'est injuste, etc. Tout l'art va donc consister pour lui à passer du non au oui, dans une nouvelle narration intérieure, plus ouverte et plus positive. Accepter que ce soit ainsi, que c'est la vie, qu'il n'y peut rien pour le moment, se détendre et sourire… pour commencer.

Car, en disant cette fois oui, la perspective change. Il peut commencer à réfléchir plus sereinement, donc à imaginer d'autres solutions et les négocier de manière plus souple. Le non fermé peut faire place à un « oui plus tard », à un « oui négocié », sous conditions. Et puis quelque chose s'est détendu, ce qui rend toute interaction plus fluide. Peut-être y aurait-il ainsi une solution malgré tout ?

Comme il s'est ainsi détendu, et que la vie est bien faite… le second client va alors changer ses dates à son tour ! Et Luc va pouvoir – finalement – assurer les deux séminaires. Le pouvoir du oui ?

Khalil et l'envie de glamour

Khalil est marocain, vit et travaille à Casablanca. Fils et petit-fils d'entrepreneurs, il a fini par reprendre l'entreprise familiale à son tour, mais il s'ennuie. Et l'ennui le ronge. Il voudrait s'imaginer une autre vie, plus libre, plus ouverte, plus glamour, « se réinventer », et c'est pourquoi il me consulte – en visio – par l'intermédiaire d'un ami commun.

Nous prenons donc le temps de retracer son parcours, de mesurer ses lieux de satisfaction et d'insatisfaction, d'évaluer ses motivations, de questionner ses envies et ses passions. Force est de constater ainsi que son parcours professionnel, en réalité, lui va très bien ! Dans son job actuel, ses *drivers* sont parfaitement respectés. Et ce qu'il est pour le moment capable d'imaginer en dehors est encore très vague et très flou…

Petit à petit, je l'aide à réaliser ainsi qu'un changement de voie ne fait peut-être pas sens pour lui aujourd'hui. Et que c'est plutôt sa narration de l'ennui au travail qui l'a subtilement, progressivement, décalé de ses bases naturelles. Moins convaincu, donc moins engagé, donc en effet moins présent, trop souvent au bureau, sans rendez-vous ni dynamique, il s'ennuyait effectivement plus. De plus en plus. Jusqu'à rêver d'une autre vie par compensation. Mais c'est d'engagement, de réengagement dont il a en réalité besoin, pas de changements radicaux…

Il va donc accepter de remettre de l'énergie dans son job, de sortir plus de son bureau, de rencontrer de nouveau plus de clients, de confrères, de partenaires, de retrouver ainsi des projets de développement… L'effet va en être vite très bénéfique : pour lui, ses employés, ses clients, ses proches, sa compagne… Plus il revient en relation, plus il apprécie de sortir, plus les contacts se font pour lui positifs, plus les projets avancent, comme par magie, plus il retrouve le goût et le sens du mouvement, plus il en est heureux… et soulagé. Le cercle est redevenu vertueux.

Trouver sa place, c'est aussi – parfois – accepter de l'avoir déjà trouvée !

Julien et le désordre du monde

Julien est un garçon de bonne famille intelligent d'environ 25 ans qui a déjà tenté et abandonné de nombreuses voies différentes, jusqu'à se retrouver caissier de supermarché pour pouvoir simplement survivre. Sa narration intérieure pourrait se résumer ainsi : « Je ne peux être intéressé que par des positions prestigieuses, mais ces positions me sont inaccessibles, donc je préfère ne rien faire. »

Comme il ne fait rien, ou pas grand-chose, il est donc obligé de tenir des discours d'autant plus élaborés – et plus arrogants – concernant le triste état du monde, l'inutilité de l'effort, l'injustice sociale, etc. Il faut bien que son intelligence explique pourquoi il en est là, seulement là. Mais plus il tient ces discours-là, plus il s'y attache, moins il peut se mettre en mouvement, et moins on peut l'embaucher.

Face à cette impasse, plutôt bien construite et bien défendue, je suis obligé de le bousculer un peu. De le pousser à questionner son modèle. De lui en montrer les limites et les conséquences. De solliciter ses envies, là où elles ne sont pas (trop) irréalistes. D'esquisser avec lui, pour lui, d'autres chemins. Pas simple. Nous nous quittons après quelques séances sans qu'il ait vraiment fait évoluer sa position.

Quelques mois plus tard cependant, j'apprends qu'il a accepté de reprendre des études, qu'il a sollicité une équivalence, choisi et entrepris un master. Il a accepté ainsi de se confronter à plus de réalité, et mit son ego au service d'une ambition plus tangible.

Aujourd'hui, il opère en stage dans un cabinet-conseil sur des sujets complexes, et il en est plutôt fier. Quelque chose a pu se mettre en route…

> *« Trouver sa place, c'est aussi – parfois – accepter de l'avoir déjà trouvée ! »*

Conseil clé

Essayer !

Et si, juste pour voir, vous changiez aujourd'hui de récit intérieur ?

Au lieu d'entrer dans le bureau de votre boss en pensant depuis ce matin que c'est un crétin – ce qu'il va sans doute ressentir et donc vous faire payer –, si vous acceptiez de lui faire confiance pour une fois ? Ne serait-ce que pour voir ? Est-ce que ça ne va pas changer quelque chose ? Est-ce que ça ne mérite pas d'être tenté ?

Pariez sur le positif !

Condition de réussite

Se détacher de ses propres discours.

Accepter l'idée qu'ils sont ici peut-être une partie du problème, pas seulement son expression…

CHAPITRE 2

Changer de posture

Se comporter autrement, fluidifier ses relations à l'environnement, sortir du conflit…

Changer de boulot n'est pas toujours possible, ou pas si facilement. Changer de métier, de voie est encore plus difficile, plus exigeant, plus long, plus coûteux. Mais changer sa posture au travail est, en revanche, toujours possible. Ici, là, maintenant ! Puisque c'est la nôtre et qu'elle nous appartient en propre.

Définition

Par changer de posture, nous entendons ici – très simplement – le fait de changer sa manière concrète de se comporter au travail :

- la façon dont on aime à conduire son travail ;
- la façon dont on se comporte avec son environnement de travail ;
- la façon dont on s'évalue au travail.

Avec toujours une idée très positive en tête (voir *infra)* : si je change, le monde change autour de moi. Parce que la pensée crée son environnement. Parce que nous sommes ainsi parties prenantes de l'ensemble de nos relations.

Au travail – comme en amour, et dans toutes les relations impliquées et partagées –, il n'y a en réalité ni bourreaux ni victimes, seulement les complices (souvent inconscients) d'un jeu partagé... qui pourrait être modifié[1].

Changer de narration et changer de posture sont souvent liés, mais les deux dimensions sont cependant distinctes. Dans un cas, c'est vraiment le discours interne qui va faire la différence ; dans l'autre, c'est l'attitude concrète au travail. Bien sûr, l'attitude est souvent le produit d'une narration intérieure, mais il y a bien ici deux niveaux de changement possibles différents.

Questions en jeu

Il y a de très nombreuses façons de se pourrir la vie au travail, de se rendre le travail lourd, trop lourd, si pesant qu'il en devient pénible, parfois même insupportable :

- on peut s'en demander beaucoup, tellement, trop, tout le temps. Par inquiétude, par souci de bien faire, par exigence, par culture de la perfection au travail ;
- on peut entrer en tension avec son environnement de travail, si facilement, avoir le sentiment que les autres nous en veulent, ne nous respectent pas, ne sont pas compétents, créer du conflit sans même s'en rendre compte ;
- on peut ne jamais prendre sa vraie place, se sentir toujours en situation d'imposture, laisser l'autre nous dominer, nous culpabiliser, nous inférioriser, même quand ça ne fait aucun sens ;
- on peut au contraire prendre une place qui n'est pas la nôtre, chercher à prendre toujours toute la place, à imposer sa présence, à refuser l'autorité...

1. Bien sûr, il y a des patrons toxiques et des managers coupables de harcèlement. Mais, même dans ces situations limites, la manière dont nous y laissons prise et dont nous y réagissons fait partie intégrante de la situation. Si vous êtes en place à l'intérieur de vous, sans pensées parasites inutiles, sans inquiétudes ni culpabilité, vous ne laisserez que très peu prise à l'extérieur, pour les aléas de l'environnement.

La bonne nouvelle ? Si ce sont mes attitudes qui contribuent à créer le problème dont je souffre *in fine*... alors je peux en changer facilement !

Changer de posture ? Quand se poser la question ?

- Si vous aimez votre job, mais que vous n'y êtes jamais bien pour autant.
- Quand vous répétez toujours les mêmes schémas, même dans de nouvelles fonctions, de nouvelles organisations, avec de nouveaux patrons, de nouveaux collègues, de nouveaux clients, etc. :
  - si vous êtes toujours débordé, par exemple, vous avez toujours trop de boulot, quoi qu'il se passe ;
  - si vous avez toujours le sentiment de ne pas être reconnu à votre juste valeur ;
  - si vous entrez toujours en conflit (avec vos pairs/vos équipes/vos patrons) ;
  - si vous êtes toujours environné d'imbéciles, d'incompétents, etc.

Si je change, le monde change

Imaginez une situation très simple...

Vous entrez dans une boutique en pensant que la vendeuse est une imbécile, et vous l'abordez comme telle... Elle ressent, bien sûr, votre tension, votre agressivité, votre mépris peut-être, et elle va devoir faire avec. Peut-être va-t-elle perdre ses moyens (si sa propre narration est nourrie d'un fort sentiment d'infériorité). Peut-être va-t-elle devenir désagréable (si sa propre narration est plus offensive). Peut-être va-t-elle seulement tenter de faire avec, mais, dans tous les cas, elle risque fort de justifier très vite votre *a priori*. Vous aviez raison, c'était sûr ; de toute façon, cette fille était empotée, maladroite, incompétente, etc.

Vous entrez dans la même boutique en pensant que la même vendeuse doit être une fille sympa, et vous l'abordez comme telle… Elle ressent votre ouverture et apprécie votre sourire. Quelque chose se détend. Elle a envie de fournir des efforts pour vous. Vous en bénéficiez. Vous appréciez. Vous avez eu raison. Elle est très sympa…

En changeant votre posture, vous changez votre attitude. Donc celle de l'autre. Donc la situation, sa dynamique et son issue. Donc le monde avec. Qu'importe ce qu'elle est, en fait.

On pourrait former des hommes politiques à ces logiques très simples. Le monde y gagnerait sûrement beaucoup.

Bien sûr, ça marche aussi avec un vendeur. Votre boss. Un comité de direction. Un associé.

Le genre, la classe sociale, les modalités de relation ne changent ici rien à l'essentiel.

Logiques à l'œuvre et clés de changement

Toutes ces questions sont fréquentes, profondes et délicates. Elles mériteraient chacune des développements beaucoup plus importants que l'espace qui peut leur être dévolu ici. On a même déjà consacré à chacune des livres entiers !

N'y voyez donc ici que des premiers éclairages, des idées, des pistes de travail pour vous permettre – peut-être – de vous reconnaître un peu, de vous donner envie d'approfondir et de faire autrement.

S'en demander trop

Le perfectionnisme est un piège efficace, subtil… et très répandu ! Il est très tentant en effet de vouloir tout faire bien tout le temps. Pour se rassurer. Pour se faire aimer. Parce que c'est ce qu'on nous a appris à l'école. Parce que c'est ainsi que nous avons été éduqués. C'est logique. C'est légitime. C'est valorisant. C'est souvent impossible, aussi. Dans un monde très actif (voire activiste), très international, très connecté, les missions, les tâches, les chantiers transverses, les contacts nécessaires, les reportings peuvent en effet se multiplier à l'infini. De même que les exigences des uns et des autres : actionnaires, dirigeants, managers directs, managers fonctionnels, financiers, autorités de tutelle, questions RH, impératifs RSE, exigences d'économie, toujours plus, moins cher, plus vite, plus traçable, mieux documenté… Tout s'empile sans cesse, et rares sont ceux qui peuvent ou savent faire le tri.

Pour tous ceux qui seraient ainsi concernés, très bons élèves, excellents soldats, toujours soucieux de très bien faire, détestant bâcler, en quête de perfection, je livre cette simple question à leur sagacité : pensez-vous qu'aujourd'hui, pour vous, dans votre organisation, tout faire bien tout le temps dans votre job soit encore simplement possible en vérité ?

Dans le monde moderne, plus que jamais, il devient donc essentiel – et même vital pour chacun – de définir ses priorités, de choisir ses combats. Au plus juste. Donc aussi de renoncer. À tout faire. À tout mener à bien. À être parfait !

Entrer en conflit

Si vous ne cessez d'être en conflit avec votre entourage au travail – collègues, patrons, subordonnés ou fournisseurs –, acceptez, s'il vous plaît, l'idée que ce ne doit pas être un hasard, une malchance ou une fatalité. Vous êtes nécessairement partie prenante de tous ces conflits.

Pour pouvoir le comprendre et changer de posture, afin de vivre des relations plus apaisées, donc plus fécondes, il sera important alors de poser sur ces conflits récurrents un diagnostic précis. Avec qui entrez-vous surtout en conflit ? En quelles occasions ? Est-ce ainsi plutôt une affaire de rivalité ? Un sentiment de ne pas être estimé ? Un refus de l'autorité ? Tentez de mettre des mots sur ce qui se joue, pour pouvoir en prendre conscience et faire bouger vos lignes.

Pour prendre simplement mon exemple, pendant les treize ans où j'ai été salarié, j'ai eu avec l'ensemble de mes patrons des relations souvent beaucoup plus difficiles qu'avec tous mes autres interlocuteurs au travail, avec qui je m'entendais globalement très bien. Il m'a seulement fallu le temps de comprendre… que je n'en voulais pas (de patron) ! Et la maturité de l'assumer en connaissance de cause, pour m'installer comme consultant indépendant, libre enfin de toutes contingences hiérarchiques.

Ne pas prendre sa place

Rester humble, discret, poli, ne pas faire de vagues, se sous-estimer est une attitude facilement valorisée, *a fortiori* dans un monde aux origines largement chrétiennes comme le nôtre. En plus, elle est pratique pour un management utilitariste, qui prône souvent – en même temps – l'exigence, le consensus et la bienveillance.

Se sous-estimer n'est pourtant rendre service à personne. Ni à soi ni aux autres. À soi, parce que c'est s'exposer sans cesse à ne pas être apprécié, utilisé à sa juste valeur. Aux autres, parce que c'est aussi – en n'assumant pas sa place – rester en deçà de ses capacités, donc de ses contributions potentielles.

Par exemple, un manager qui ne prend pas sa vraie place, ne décide pas, ne s'impose pas, voudrait que tout le monde l'aime et s'entende bien est une source d'entropie considérable. Il va frustrer les uns, énerver les autres et laisser les questions délicates se résoudre sans lui, donc de façon plus anarchique ou plus politique.

Prendre trop de place

Les conflits au travail proviennent ainsi très souvent de questions de places. Quand il y a conflit, il y a souvent dé-placement en réalité. Par exemple, un manager qui ne prend pas sa place, ne décide pas, ne tranche pas ou un collaborateur qui se veut seul, libre et tout-puissant, que plus personne n'ose contrarier, que tout le monde évite et contourne vont, l'un comme l'autre, générer des situations conflictuelles. Mais l'inverse est également vrai : un patron méfiant ou tyrannique, qui veut tout voir, tout savoir et tout contrôler, des collaborateurs dominés peuvent naturellement créer ensemble tensions, situations de harcèlement et conséquences en cascade, etc.

C'est vrai en entreprise… comme en famille ! Avec des enfants, ne pas poser de limites est un vrai souci. Avec des adolescents, ne pas les laisser s'exprimer, ne pas leur permettre d'initiatives aussi. Si l'enfant prend trop de place, donc une place qui n'est pas la sienne, il est en danger, tous les psychologues spécialisés le disent. Si l'adulte prend trop de place, l'étouffe, contrarie sa croissance, il est aussi en danger. *Idem* avec des patrons et des salariés.

Le principe de subsidiarité[1] est donc *a priori* un excellent principe de management. On laisse à ses équipes le soin de faire tout ce qu'elles peuvent faire bien à leur niveau, en intervenant le moins possible.

Quatre histoires vraies : parce que de vrais changements sont possibles !

Catherine et le poids des responsabilités

Catherine a dépassé les 50 ans et elle s'inquiète beaucoup. Le métier qu'elle exerce lui est de plus en plus lourd à porter. Elle a pourtant besoin de travailler encore une dizaine d'années et elle ne sait pas du tout quoi faire d'autre. Elle se sent piégée. Consultante dans une

1. En politique, le principe de subsidiarité est le principe selon lequel une responsabilité doit être prise par le plus petit niveau d'autorité compétente pour résoudre le problème. Il doit conduire à ne pas faire à un échelon plus élevé ce qui peut être fait avec la même efficacité à un échelon plus bas, au plus près du terrain et de ses réalités. Le niveau supérieur n'intervient ainsi que si la question excède les capacités (de réflexion/d'action/de décision) du niveau inférieur.

grande organisation publique liée au monde du travail, elle reçoit toute la journée des cadres licenciés qu'elle doit aider à retrouver un emploi. C'est un job qui pourtant lui plaisait et dans lequel elle s'est épanouie un temps, mais qu'elle ne se voit plus continuer.

Nous prenons donc le temps de passer en revue sa carrière tout entière, ses choix successifs, ses *drivers* à l'œuvre, ses clés de satisfaction. Ce qui se dégage ainsi d'une analyse attentive n'est pourtant pas en décalage avec le job qu'elle exerce aujourd'hui…

Nous regardons alors ensemble plus attentivement la manière dont elle le gère au quotidien. Il apparaît ainsi assez vite qu'elle se sent obligée de réussir avec chacun, qu'elle se pense au fond comptable du résultat final, qu'elle s'implique beaucoup trop dans chacune des recherches qu'elle accompagne… ce qui en devient effectivement très lourd à porter ! D'autant que certains sont dans des situations difficiles, et qu'elle n'y est bien sûr pour rien. Et que d'autres ne font en réalité pas beaucoup d'efforts pour trouver quoi que ce soit. D'autant moins d'ailleurs peut-être qu'elle a tendance à les faire pour eux…

Tout le travail pour elle va donc consister à prendre du recul par rapport à sa posture professionnelle, à réaliser comment elle conduit son métier, pourquoi et comment elle gagnerait à le faire simplement autrement.

Environ huit séances plus tard – douze heures d'entretien, étalées sur trois mois environ –, elle a compris et changé. Elle aborde ainsi le même métier avec plus de distance, moins de poids, plus de sérénité. Elle n'a donc plus besoin de s'inquiéter pour l'avenir ni de chercher un autre job sans savoir où ni comment. Toute sa charge mentale a disparu !

Nathalie et le sentiment de ne pas être respectée

Nathalie est une femme intelligente et très bien diplômée à l'université. Elle n'a cependant pas réussi à trouver de poste d'enseignante dans sa discipline, et elle a eu du mal ensuite à trouver une place en dehors du monde universitaire. Elle a fini par accepter un job de communication dans une structure d'enseignement et de recherche, par affinité avec l'univers. Le job l'intéresse, mais son exercice au quotidien n'est pourtant pas simple. Ses relations avec l'entourage ne sont pas bonnes, ce qui la fragilise en permanence et achève de miner une confiance en elle qui n'était déjà pas au plus haut. Elle a en effet toujours le sentiment de ne pas être écoutée ni respectée. Elle trouve ses collègues agressifs à son égard, et leur répond facilement de façon désagréable, pour bien montrer qu'elle n'est pas dupe et qu'elle ne se laissera pas faire. Le ton monte souvent. Elle se dit qu'elle devrait partir, mais s'inquiète déjà de ne pas trouver d'alternative.

Nous regardons alors ensemble le détail des situations concernées. Je la pousse à être très précise, à me raconter les enchaînements exacts, à noter les paroles prononcées, à me montrer des e-mails concrets (c'est l'un des avantages d'un accompagnement professionnel par rapport à une thérapie classique, on peut essayer de travailler sur des matériaux réels partagés, pas seulement sur le dit de l'autre si c'est possible). Je questionne avec elle sa posture et ses interprétations.

Bilan : elle comprend ainsi progressivement que son analyse spontanée des événements, très défensive, n'est peut-être pas juste. En tout cas, que d'autres interprétations, plus détendues, plus amicales (pour elle et pour ses collègues) seraient aussi possibles. Elle tente alors de se comporter autrement, avec réticence au début, puis – surprise de constater que ça change effectivement la donne – avec plus de conviction. Le cercle vicié de défenses et d'attaques se fait plus vertueux. Elle se détend, ses collègues également, tout devient plus simple et plus agréable, pour elle comme pour eux.

Véronique et l'envie de faire toujours (trop) bien

Imaginez un grand cabinet de conseil, avec pas moins de trente-sept associés, trente-sept *partners* comme on dit dans le métier, c'est-à-dire trente-sept gros, très gros bosseurs à l'œuvre jour et nuit, week-ends inclus. Véronique est directrice de la communication du cabinet. De

6 heures à 23 heures au moins, trois cent soixante-cinq jours par an, elle a donc trente-sept clients internes capables de la solliciter. Pour compléter des réponses à des appels d'offres urgents et importants (mais tous les appels d'offres sont urgents et importants…), imaginer des éléments de présentation de leur activité propre, apporter de la visibilité au cabinet dans son ensemble, organiser des événements clients, animer les réseaux sociaux, etc.

Véronique est une excellente professionnelle, sympa, souriante, positive, compétente. Elle a naturellement envie de bien faire, ça fait partie de ses meilleures qualités. Elle a donc envie de satisfaire les associés du cabinet, tous les associés, sans exception. Et elle a envie d'être appréciée aussi, bien sûr. Quoi de plus normal ? Mais ici… c'est en réalité impossible.

Faute de s'en rendre compte assez vite, de choisir ses combats, de demander des moyens, de faire arbitrer les priorités, elle s'évertue à tenter de tout faire bien tout le temps, elle travaille donc beaucoup, vraiment beaucoup, de plus en plus. Plus elle produit, plus elle est effectivement appréciée… plus on lui en demande ! Moins elle peut tout faire, plus elle s'épuise, moins elle peut avancer, plus elle s'enfonce. Jusqu'au burn-out. Car ce sont bien souvent les plus compétents et les plus coopératifs qui se retrouvent ainsi les plus chargés, donc les plus en danger.

Heureusement, l'arrêt maladie de longue durée qui lui est alors proposé sera l'occasion pour elle de se poser, de se reposer et de réfléchir. Et de comprendre que le job en soi n'est pas en cause, ni même la manière dont elle le mène – elle reste une communicante efficace et convaincue –, mais seulement la façon dont elle n'a pas su négocier les conditions de son activité. Il faut en effet savoir protéger son énergie. Mesurer les limites de son investissement possible. Râler, refuser, bâcler, sous-traiter, déléguer, renoncer quand c'est nécessaire !

Après un temps de jachère, et après avoir aussi mieux pris soin de ses enfants, elle reviendra ainsi au métier. Mais, prudemment, elle choisira au passage un univers moins activiste, où les rythmes sont plus mesurés, le management moins engagé, les délais mieux raisonnés. Au service de causes qui lui tiennent aussi plus à cœur !

Thomas et la difficile gestion des conflits

Thomas est recruté pour prendre la tête d'une belle association active et reconnue. Très soucieux du bien-être des autres, il entend être un manager bienveillant, fidèle aux valeurs qui l'ont conduit à exercer en ONG. Mais, dans l'équipe qu'il découvre, il y a pourtant de fortes têtes qui ne respectent pas sa place et ne voient pas pourquoi ils ne feraient pas ce qu'ils veulent, comme ils veulent, quand ils veulent, profitant d'un contexte à but non lucratif pour affirmer en permanence leur liberté rebelle. Thomas ne sait pas comment les gérer, a beaucoup de mal à asseoir son autorité, vit des réunions toujours usantes et passe énormément de temps à gérer les caprices, les ego, les refus, les contestations des uns et des autres. Il s'en attriste (ce n'est pas pour ça qu'il est venu), a du mal à comprendre (car il croit à la cause soutenue) et se trouve vite au bord de l'écœurement et de la démission.

Face à des comportements que nous allons identifier ensemble comme largement infantiles en réalité, c'est pourtant bien justement de prendre sa place, toute sa place de manager, dont il est question ici. Vouloir être bienveillant le rend fragile, perméable aux comportements irrespectueux. Il a au contraire besoin d'être ferme, d'affirmer son autorité, de rappeler et d'imposer des cadres et des contraintes chaque fois que nécessaire, de sanctionner s'il le faut. Pas question qu'il abandonne !

Même si ça ne lui est pas agréable, il va donc se résoudre à changer de posture pour tenter une autre approche, plus sèche et moins ouverte, mais aussi beaucoup plus claire quant aux places, aux rôles et aux responsabilités de chacun. À son grand étonnement, l'ambiance change. Les moins offensifs mettent de l'eau dans leur vin. Quelque chose se pose à l'intérieur d'un nouveau cadre. Et le plus rebelle de tous en profite… pour se draper dans sa dignité et présenter sa démission ! Il pourra ainsi le remplacer simplement par quelqu'un qu'il va choisir, lui, sans plus de heurts ni de difficultés.

> ***« En changeant votre posture, vous changez votre attitude. Donc celle de l'autre. Donc la situation, sa dynamique et son issue. Donc le monde avec. »***

Conseil clé

« Plus de la même chose donne plus du même résultat » (variante : « Il suffit d'insister »).

Ces deux phrases clés de Paul Watzlawick, un des grands théoriciens du changement de l'école de Palo Alto, résument assez bien ce dont il est question ici.

Dans *Faites vous-même votre malheur*[1] par exemple – un essai sarcastique à la manière des guides américains de type « Comment devenir riche en 15 leçons » –, il montre ainsi très bien comment l'esprit occidental volontariste tend à vouloir faire toujours plus, même et surtout quand ça ne sert à rien. Comme si la réponse devait être nécessairement dans la direction choisie, au prix de plus d'efforts…

Quand on fait pourtant beaucoup de quelque chose (efforts/bienveillance/rigueur, etc.) et que ça ne marche pas… il serait en effet plutôt logique et prudent de changer de stratégie !

1. Paul Watzlawick, *Faites vous-même votre malheur*, Seuil, 1990.

Condition de réussite

Accepter SA responsabilité.

Quoi qu'il arrive au travail, j'en suis l'auteur aussi. Parce qu'à chaque instant je crée le monde qui m'entoure par la manière dont je l'aborde. Et que je sois seulement salarié n'y change rien. Je suis acteur, donc auteur.

CHAPITRE 3

Changer de job

... donc d'entreprise, de patron, de contexte, pour mieux incarner ses valeurs, être mieux reconnu, sortir d'un milieu toxique, par exemple.

C'est bien sûr le mode de changement au travail le plus naturel, le plus évident. Pas toujours le plus simple. Parfois le plus efficace.

Définition

Par changer de job, nous entendons ici le fait d'aller faire le même job... ailleurs ! Dans un autre service, une autre entité, une autre entreprise, une autre organisation...

C'est l'occasion ainsi de retrouver un contexte de travail différent : nouveau patron, nouveaux collègues, nouvelles manières de faire, nouvelles valeurs à l'œuvre, etc.

Questions en jeu

Changer de job pose naturellement des questions de nature très différentes.

Des questions de deuil

Partir, c'est toujours mourir un peu. *A fortiori* si on est depuis longtemps dans une organisation, qu'on y a des habitudes, qu'on s'y est fait des amis, qu'on y a vécu des moments forts... Ce n'est donc jamais si simple en vérité.

Des questions de choix

Partir, OK, mais pour où, pour quoi faire ? Et, idéalement... pour quoi faire de mieux ? De plus ? De différent ? De plus juste pour vous aujourd'hui ? Changer de job suppose ainsi de se poser en amont pour mieux définir son intention de changement et ses critères de choix.

Des questions de présentation

Partir veut dire aussi... oser se montrer ! Retrouver un job va demander en effet de le chercher, donc de s'exprimer et de s'exposer. D'où l'importance d'être très clair sur pourquoi je pars et ce que je veux retrouver.

Changer de job ? Quand se poser la question ?

- Quand vos conditions d'exercice vous semblent par trop dégradées : relations difficiles avec votre boss, conflits au sein de l'équipe, méthodes de travail que vous désapprouvez, valeurs personnelles qui ne sont pas respectées, etc.
- Rien ne sert de persister dans un environnement qui ne vous convient pas.

Logiques à l'œuvre et clés de changement

Accepter que ce soit fini

Le plus difficile est souvent là, paradoxalement. Mais il va effectivement vous falloir accepter que le job ne vous convient pas (ou plus), que vous ne changerez pas votre boss, que vous vous êtes peut-être trompé en pensant que vous alliez pouvoir vous adapter à un contexte trop éloigné de vos valeurs, etc.

Il y a un deuil à faire pour pouvoir se remettre en action.

Décider de changer

Sur la base de ce constat, vous devez prendre une décision intérieure. Plus elle sera nette, plus facilement vous allez pouvoir vous mettre en mouvement.

Si vous avez mis le pied dans une chaussure trop petite (au sens d'un job trop étroit pour vous), par exemple, ne cherchez pas à coacher le pied ni à le réprimander. Il n'y est pour rien. C'est peut-être une erreur, ce n'est pas un échec. Changez de chaussure, c'est la seule urgence.

Définir le job cible

Compte tenu de l'ensemble de vos expériences, de vos envies, de vos contraintes, essayez de brosser un premier tableau de ce que pourrait être le job dont vous avez envie aujourd'hui. Visualisez-le.

Changer de job, ce doit en effet être l'occasion de faire mieux, de remédier à ce qui ne vous convient plus, de donner plus de place à certaines envies majeures. Soyez ouvert et ambitieux à ce stade !

EXERCICE INDICATIF

Si vous considérez votre expérience actuelle :

- Qu'est-ce que vous aimeriez en garder dans votre prochain job ?
- Qu'est-ce que vous voudriez changer absolument ?
- À quoi ressemblerait un job qui cumulerait ainsi les deux dimensions positives ?

Construire le storytelling

Si vous cherchez un job, vous allez devoir raconter une histoire. En recrutement bien sûr, mais aussi en réseau, à tous ceux à qui vous allez parler de votre recherche et qui pourraient vous aider.

Il est donc essentiel que vous sachiez dire, clairement, positivement, en peu de mots, ce que vous cherchez et pourquoi, en quoi c'est important pour vous, en quoi vous êtes compétent pour. N'hésitez pas à l'écrire, à le montrer, à le partager, à le travailler, jusqu'à posséder une base très simple et très fluide, en quelques phrases tout au plus. Préparez-vous à faire rayonner vos convictions !

À noter : beaucoup de mes clients aiment à dire qu'ils ne sont pas commerçants, qu'ils ne savent pas se vendre, qu'ils détestent l'exercice. OK. Mais les très bons commerçants sont rares, et – heureusement – les entretiens de recrutement agressifs dans lesquels on vous demandait de vous vendre comme si vous étiez une savonnette ont disparu il y a déjà longtemps. La plupart des métiers ne demandent en effet pas de compétences commerciales, et ce n'est pas non plus ce que le recruteur attend. S'y vendre consiste donc seulement à y faire rayonner ses envies et ses convictions, en créant avec ceux qui recrutent la meilleure relation possible.

Construire les outils associés

Le CV, bien sûr

Le CV demeure essentiel (voir encadré ci-dessous). Même si certaines pratiques de recrutement sans CV commencent à se développer – notamment pour des jobs peu qualifiés, difficiles à pourvoir, où le CV n'a en réalité que peu d'importance –, l'exercice demeure généralement un passage obligé. N'en sous-estimez pas l'importance…

Attention ! Vous ne pouvez pas avoir un profil en ligne (sur LinkedIn, par exemple) qui dit autre chose que ce que dit votre CV officiel. Rares sont les recruteurs qui n'auront pas le réflexe de regarder et de comparer.

Le pitch

(Voir ci-dessus – « Construire le storytelling *»).*

Faites simple et positif ! Un recruteur a toujours besoin d'être rassuré. Vos interlocuteurs – en réseau notamment – ont besoin d'une idée simple à comprendre et à partager… Et c'est d'abord à vous de dire du bien de vous !

L'argumentaire développé

Sachez le travailler aussi. Beaucoup d'entretiens tournent en effet (logiquement) autour d'un nombre limité de questions simples. Il serait donc dommage de ne pas préparer un ensemble de réponses cohérentes.

Pour mémoire :

- Qu'est-ce que vous cherchez aujourd'hui ? Quel job avez-vous envie de trouver ? Pourquoi ?
- Pourquoi quittez-vous/avez-vous quitté votre job actuel ou précédent ?
- Pourquoi candidater chez nous ? Qu'est-ce qui vous y intéresse ?

- Quelles sont vos principales compétences ? Vos principales qualités ?
- Quels sont vos principaux défauts (limites/axes de progrès) ?
- Pouvez-vous raconter deux ou trois expériences que vous jugez réussies ?
- Pouvez-vous raconter un/des échecs ? Et les enseignements que vous en avez tirés ?
- Qu'avez-vous envie d'apprendre aujourd'hui ? Où avez-vous besoin de progresser ? Si on vous offrait les services d'un coach, qu'est-ce que vous auriez envie de travailler avec lui ?
- De quoi auriez-vous envie ensuite en termes d'évolution ? Comment vous projetez-vous dans trois/cinq/dix ans ?

La réponse aux objections

Un candidat averti en vaut deux ! Préparez donc là aussi les réponses possibles aux objections probables :

- par rapport à votre parcours (incohérences apparentes, trous éventuels) ;
- par rapport au poste (compétences qui vous manquent, expériences que vous n'avez pas).

Plus vous serez préparé, plus vous pourrez argumenter bien et facilement, plus convaincant vous serez. Le candidat parfait n'existe pas. Un candidat qui connaît ses manques, les reconnaît avec conscience et sait aussi argumenter en fonction est toujours un candidat intéressant.

La lettre de motivation

La lettre de motivation est une espèce en voie de disparition. D'autant que ChatGPT les fait désormais très bien, et que des sites, comme celui de LinkedIn, par exemple, permettent facilement de « pousser » son CV en réponse à une annonce sans même prendre la peine d'écrire un mot d'accompagnement.

En réalité, beaucoup de recruteurs ne les lisent pas, ou à peine, d'autant qu'elles ont généralement très peu d'intérêt. Ne vous prenez donc pas la tête avec ! Ne répétez surtout pas votre CV, c'est inutile. Faites très simple, clair, direct, positif (et sans fautes d'orthographe ni de français, si possible).

Seules des candidatures très spécifiques et très personnalisées appellent de vraies lettres, avec de vrais contenus. Si vous écrivez à quelqu'un personnellement pour lui soumettre une proposition atypique, alors oui, le message d'accompagnement devient essentiel. Une vraie lettre à l'ancienne – mise à La Poste, sous enveloppe – pourrait même être ici une excellente idée. Car vous êtes d'autant plus sûr qu'elle sera vue, gardée sans doute, mémorisée, avec un impact très supérieur à celui d'un e-mail au milieu de beaucoup d'autres.

C'est quoi un bon CV ?

Quand il s'agit de rédiger un CV, on entend tout et son contraire. Certains prétendent avec beaucoup d'aplomb qu'il faut absolument y mettre une photo, d'autres qu'un CV doit tenir en une page et une seule, d'autres que, bien sûr, il est essentiel de mettre en avant des compétences, ou que l'exercice exige nécessairement une forme de créativité.

La réalité est à la fois plus simple et plus personnalisée. Un CV est un outil de communication. Il doit donc être adapté à ce que vous avez à dire et à qui vous le dites. Il ne saurait y avoir de méthode fixe, seulement des *storytellings* plus ou moins adaptés.

Il n'y aura donc que trois règles au final :

Clarté

Un bon CV est très facile à lire. Les informations clés sont accessibles en quelques secondes. Le parcours est lisible, la forme simple. Complexité, confusion : s'abstenir. C'est pourquoi les formes créatives sont en réalité souvent à proscrire, car elles perturbent la lecture.

Cohérence

Un bon CV est très adapté à celui qui va le lire ainsi qu'à l'objectif recherché. On ne rédige pas un CV d'avocat comme un CV de communicant, ni un CV d'assistant comme un CV de dirigeant.

Valorisation

Un bon CV présente une image convaincante de son auteur. Il est donc soigné dans la forme et positif dans le fond.

Attention à tous les défauts de forme, aux fautes d'orthographe, aux incohérences de présentation. Un certain degré d'élégance peut être requis à un certain niveau de job par exemple. N'hésitez pas à vous faire aider si l'exercice ne vous est pas familier.

Attention aussi à l'expression même des expériences. Je vois de nombreux CV où l'excès de détails, de listes de tâches sans intérêt ou de justifications sous-jacentes rend la présentation de l'expérience moins valorisante qu'elle ne le devrait. Un candidat de bon niveau dans son métier, sûr de ses qualités, se présente simplement… et se justifie peu!

Pour le reste :

Photo ou pas?

Comme il est très difficile d'obtenir de soi une vraie très bonne photo, à la fois sincère, souriante et sérieuse, je conseille souvent aux candidats que j'accompagne… de ne pas en mettre. D'autant que la photo tend toujours à créer trop vite des *a priori* parasites : «J'aime pas son expression», «Wouah, elle est canon», «Il se prend pour qui celui-là?». Même quand l'image est neutre, elle crée de fait une représentation *a priori*, souvent erronée. Il m'est arrivé très souvent en recrutement de passer les cinq premières minutes de l'entretien à recaler ma perception du candidat en fonction de sa présence réelle. Dans le doute, donc, évitez. Même si elle est demandée, rien ne vous y oblige en réalité.

Il n'y a que dans les métiers de représentation qu'elle peut sembler incontournable (hôtesse d'accueil ou business développeur par exemple). Ou si vous portez un nom à consonance fortement étrangère qui pourrait susciter des préjugés que la photo peut venir contrebalancer efficacement…

Une… ou plusieurs pages ?

Tout dépend de ce que vous avez à dire et à qui !

Un CV en une page n'est possible que si vous avez peu d'expériences, ou que si les fonctions exercées s'expriment bien en très peu de mots. Des jobs successifs très différents, des formations nombreuses, des missions plus complexes à présenter peuvent appeler parfaitement un CV en deux pages. À condition que les informations essentielles figurent bien sur la première. Un recruteur intéressé qui a parcouru une première page… peut bien en parcourir une seconde !

Un CV de serveur ou de cuisinier en trois pages n'a sans doute pas beaucoup de sens, même si ses expériences sont très nombreuses, car les patrons de bar ou de restaurant – opérationnels et concrets – ne sont pas nécessairement de grands lecteurs. Mais un CV de conservateur de musée en quatre pages, avec exposé du parcours et des diplômes, mais aussi des publications et des expositions supervisées, se justifiera parfaitement face à un jury de pairs et d'administrateurs férus de recherches, de références et de lectures.

Présentation selon les compétences ?

Pourquoi pas, si le *storytelling* d'ensemble le rend juste et logique, mais ce n'est pas une nécessité. *A fortiori* si c'est pour répéter ce qui découle naturellement des expériences présentées, ou pour revendiquer des compétences à la mode en regard du job concerné. Le fait de se dire collaboratif, créatif ou bienveillant ne garantit rien à personne, et tout le monde le sait.

Déployer une créativité dans la forme ?

Attention ! Même dans les jobs les plus créatifs, un CV est d'abord un instrument de présentation codifié, l'expression d'une formation et d'un parcours, ce n'est pas le concours Lépine. Et il y aura toujours des books en appui pour justifier concrètement des dimensions les plus créatives des métiers concernés (graphistes, architectes, décorateurs, illustrateurs, etc.).

Dans une soirée, que diriez-vous de quelqu'un qui chercherait à attirer l'attention coûte que coûte en se présentant d'une manière qu'il jugerait originale ? Pas sûr que vous ne trouveriez pas ça narcissique, déplacé, encombrant... À moins que ce ne soit exceptionnellement bien fait. Une bonne présentation écrite est plutôt comme une bonne poignée de main : franche, simple, directe, positive, chaleureuse.

S'engager dans la recherche

Avec confiance !

Règle essentielle : c'est le positif qui doit piloter. C'est-à-dire vos envies, vos motivations, vos talents, vos compétences, votre énergie... Là aussi, je suis acteur donc auteur. Là aussi, ma posture va créer du réel.

Laissez donc ici vos doutes au vestiaire ! Oubliez un instant vos limites, ce que vous ne savez pas faire, ce qui pourrait contrarier votre candidature. Ce n'est pas à vous de porter les limites et les objections. Et le candidat parfait n'existe jamais.

Plus vous aurez envie de convaincre, plus vous avez de chances d'être entendu.

Ne croyez pas que le recruteur a l'embarras du choix, et que vous êtes nécessairement en position d'infériorité. Même quand il y a beaucoup de candidatures en réponse à une annonce, le candidat juste est toujours rare. Et peut-être que ce sera vous ?

En parler

Communiquez ! Le plus largement possible.

Plus vous allez en parler, plus vous avez de chances qu'un contact apparaisse, qu'une connexion se fasse.

Mobiliser les sources

Les sources peuvent être nombreuses et diversifiées, tout dépend bien sûr du type de job que vous cherchez, de son niveau, de l'endroit où vous souhaitez travailler, etc. Il ne saurait y avoir de règles ici.

- Le réseau reste souvent le meilleur allié (voir ci-dessous).
- Les annonces d'emploi demeurent un outil naturel : sites d'annonces, LinkedIn, *job boards* internes de grandes organisations…
- À un certain niveau de responsabilité, les cabinets de recrutement/« chasseurs de têtes » sont souvent incontournables.
- Dans d'autres cadres, les agences d'intérim peuvent rendre aussi de vrais services.

« Net working or not working »

J'aime bien cette expression, qui, en peu de mots très courts – comme la langue anglaise sait si bien le faire –, exprime une vérité simplement essentielle. **Dans tous les métiers, le réseau est toujours l'allié le plus naturel et le plus efficace de la recherche.** Ceux qui vous connaissent bien, avec qui vous avez travaillé, qui vous font confiance seront toujours les meilleurs ambassadeurs, les meilleurs prescripteurs, les meilleurs apporteurs d'informations. C'est vrai à tous les niveaux, pour un directeur du marketing comme pour un cuisinier, et bien sûr aussi pour tous ceux qui exercent des professions indépendantes et cherchent de nouveaux clients tous les jours.

Attention ! Un réseau, ça s'entretient en permanence, pas seulement quand on en a besoin : appeler, échanger, déjeuner, prendre des nouvelles, rendre des services, encourager ou liker sur LinkedIn… ce doit être un réflexe régulier, détaché, désintéressé. C'est comme un puits. On peut y puiser – sans l'épuiser – si on en a pris soin. Ne s'intéresser subitement à son réseau que parce qu'on est en demande, c'est s'exposer à beaucoup de déconvenues…

Trois histoires vraies : parce que de vrais changements sont possibles !

Michel : sortir d'un premier job

Michel est ingénieur dans une grande société industrielle française. C'est son premier job. Diplômé des Arts et métiers, compétent et concerné, il souffre cependant au travail. Son patron, un polytechnicien, ne l'a jamais vraiment estimé. Et puis, c'était son premier job, il a sans doute été maladroit quand il est entré. Et l'image associée lui colle à la peau. Personne ne lui fait vraiment confiance, on ne lui confie pas les projets dont il a envie, on le maintient dans des tâches relativement subalternes…

Bien sûr, il culpabilise. Il a le sentiment d'avoir échoué. Il vient me voir ainsi avec l'idée de changer quelque chose dans la manière d'aborder son job, pour pouvoir être mieux reconnu en interne.

Très vite cependant, dans l'échange, je constate surtout qu'il n'est pas très bien traité. Et que la question n'est donc pas tant pour lui de se plier à un contexte qui ne lui est pas favorable… que de trouver ailleurs un job où il sera mieux respecté ! En sachant ainsi remettre les compteurs à zéro. Il est en effet souvent difficile de grandir là où on a commencé. L'environnement aime parfois nous figer dans nos erreurs de jeunesse.

Plutôt soulagé, il adhère à l'idée et se met très vite en quête d'un nouveau job. Dès la semaine suivante, sur le *job board* interne du groupe qui l'emploie, il identifie ainsi une annonce qui l'intéresse, sur un autre site, dans une autre entité. Trois jours après, il rencontre un homme charmant qui en fait son adjoint avec enthousiasme dès le mois suivant. En quelques semaines, il a radicalement changé de contexte d'exercice. Dans le même groupe. Sur la même compétence technique.

Je ne l'ai jamais revu. Il n'en avait plus besoin.

Anne-Lise : parce qu'il n'y a jamais de bonne raison de se laisser exploiter !

Anne-Lise est une jeune femme ouverte, sympathique et très dynamique qui adore travailler, et ça se voit. Elle est donc facilement repérée, embauchée… et exploitée.

Après un parcours en communication, un patron de PME plutôt malin l'a ainsi recrutée pour un job de gestionnaire d'immeubles en syndic qui lui va très bien, car il est à la fois très concret, très vivant, relationnel, au service des autres. Problème : il en use et en abuse, l'accable sous le poids des immeubles, la paie mal et cherche à rogner en permanence sur tout.

Elle vient me voir, épuisée et amère, avec en plus des soucis d'argent. En deux séances, mon job – ici très simple – va simplement consister à l'accueillir dans sa colère légitime. À l'aider à prendre conscience qu'elle aime son job, mais pas les conditions dégradées dans lesquelles on l'oblige à l'exercer. Et à lui rappeler qu'il y a plein de boulots sur le marché, dans un métier clairement pénurique. Pour lui rendre de la confiance et l'envie de repartir au combat !

En deux semaines, elle obtient ainsi… onze propositions de jobs ! Simplement en mettant à jour son CV et en se déclarant disponible sur LinkedIn. Elle choisit finalement le plus proche de chez elle et le mieux rémunéré. En se jurant bien de ne pas trop travailler cette fois. Une très bonne façon de se faire respecter !

Xavier : choisir la bonne cible

Xavier n'a pas le choix. Il a perdu son job, sans y être pour rien au fond. Son entreprise a été rachetée par un concurrent, et l'ensemble du Comex – dont il fait partie – a été viré au passage. Par principe.

Difficultés : il évoluait depuis vingt ans dans le même groupe et n'a quasiment jamais cherché de boulot de sa vie. Et il officie dans un métier très particulier qui n'a pas d'équivalent. Les rares concurrents de son employeur actuel sont eux aussi en vente ou déjà saturés. Il va donc lui falloir investir ses compétences – réelles – dans un univers cette fois différent, ce qui l'inquiète et le fait douter de lui, d'autant qu'il est plutôt discret, introverti, et qu'il n'aime pas se mettre en avant.

Retrouver du travail va donc constituer pour lui un processus complet, en différentes étapes :

- d'abord prendre le temps de faire le deuil du job qu'il a perdu. Ce n'est jamais anodin, *a fortiori* quand on y a consacré autant de temps et d'énergie, et qu'on doit le quitter de cette manière brutale, et quelque part injuste. Il y a nécessairement des regrets, de la tristesse, de la colère. C'est bien d'un deuil dont il s'agit. Le monde moderne voudrait que l'on puisse passer sans transition d'une position à une autre, d'un job, d'un manager, d'une équipe, d'un pays à un autre, comme un touriste change de site et un téléspectateur de chaîne, mais c'est une illusion. S'il y a relations, implication, engagement, c'est justement impossible ;
- ensuite, revenir au plus positif de son parcours, de ses compétences, de ce qui le motive, lui, le plus aujourd'hui. Retrouver le fil de ses propres envies ;
- imaginer alors la manière dont ses compétences pourraient être utilisées au mieux : où, par qui, comment, pourquoi ?
- sur ces bases, construire un pitch simple et dynamique, et reprendre progressivement contact avec l'ensemble de son réseau, en commençant, bien sûr, par le réseau le plus proche

et le plus naturel, les personnes qu'on connaît le mieux, qu'on a le plus de plaisir à voir, avec qui c'est le plus facile d'échanger ;

- s'armer ensuite de patience, prendre le temps de contacter, de rencontrer, de proposer, d'avancer, de recommencer ;
- de façon à ne pas rester inactif, à patienter plus facilement, et parce qu'il est plus facile de solliciter une mission qu'un job, Xavier va lancer en parallèle une activité de conseil. Une excellente manière aussi de nourrir des contacts et des rencontres.

> *« Dans tous les métiers, le réseau est toujours l'allié le plus naturel et le plus efficace de la recherche. »*

Conseil clé

Cohérence !

Au tout début de *Trouver sa place au travail*[1], j'avais déjà posé l'idée suivante :

« En management, en recrutement, en conseil, en études, en coaching, j'ai rencontré, interviewé, choisi, accompagné, cherché à comprendre des centaines d'individus, hommes et femmes, juniors, seniors, employés, cadres, managers, dirigeants. Certains vivaient bien leur rapport au travail, d'autres moins. Certains avaient objectivement réussi à s'adapter, d'autres non. Certains en étaient satisfaits, d'autres pas. Mais si, sur ces bases de témoignages et d'expériences, je devais cependant résumer en un seul mot ce qui explique le succès des uns et l'insatisfaction des autres, ce serait le mot cohérence.

Ceux qui réussissent le mieux – dans les deux sens du terme réussite, aisance professionnelle et satisfaction personnelle associées – ne sont

1. Didier Goutman et Juliette Allais, *op. cit.*

pas nécessairement les mieux nés, ni les mieux diplômés, ni les plus intelligents. La vie professionnelle n'est pas le prolongement d'une expérience scolaire. Ce ne sont pas non plus les plus beaux, les plus bavards ou les plus sociables. Ce n'est pas non plus d'une émission de télé-réalité qu'il s'agit. Non, ceux qui réussissent le mieux leur vie professionnelle sont ceux dont l'adéquation entre ce qu'ils sont, ce qu'ils aiment, ce qu'ils disent et ce qu'ils font est la plus juste, la plus profonde, la plus évidente, la plus palpable.»

Ne cherchez donc pas à être le meilleur coûte que coûte, un recrutement n'est pas un concours. Cherchez seulement votre ligne de cohérence la plus positive. Et si vous bossez bien, déjà depuis quelques années par exemple... il y en a nécessairement une ! N'imaginez surtout pas le contraire. N'entretenez pas ici de narrations négatives inutiles.

Condition de réussite

S'engager dans la recherche. S'y engager vraiment, résolument. Sans dilettantisme.

Une recherche de job suppose en effet beaucoup de constance et de conviction.

- De la constance pour affronter les obstacles, les refus, les jobs qui ne sont finalement pas ouverts, sinon déjà pourvus, les recruteurs qui ne répondent pas, le temps qu'il faut pour contacter, relancer encore, etc.
- De la conviction pour dire, répéter, affirmer, oser... **jusqu'à trouver le job dont vous aviez besoin !**

CHAPITRE 4

Changer de niveau

S'exprimer enfin à son juste niveau : gagner en autonomie, devenir manager, diriger, se mettre à son compte... Ou, à l'inverse, renoncer à un niveau trop élevé, trop lourd, trop exigeant pour soi...

Une juste place au travail est une affaire de nature de job, de contexte, d'équilibre global bien sûr... mais aussi de niveau. Être à sa place suppose d'évoluer au niveau juste : en termes d'autonomie, de responsabilités, de charge à porter. Ni plus ni moins !

Définition

Par « changer de niveau », nous entendons ici le fait de modifier de manière significative le type de responsabilités associées à un job ou la manière de les porter.

Changer de niveau signifie, par exemple, dans une logique de progression :

- exercer son job de manière plus senior, plus autonome ;
- devenir manager, encadrer ;
- se mettre à son compte, créer sa propre boîte ;
- devenir dirigeant, s'associer.

Mais changer de niveau peut dire aussi, quand la vie nous a conduits à un job qui ne nous correspond pas vraiment :

- revenir sur le terrain ;

- renoncer à manager ;
- redevenir salarié.

Questions en jeu

Il peut être question ici notamment :

- de ne pas négliger la difficulté de vivre dans un job qui n'est pas taillé pour nous : trop petit, trop large, trop sous contrôle, où je suis trop livré à moi-même ;
- de ne pas négliger la difficulté d'être durablement managé par moins compétent que soi ;
- de ne pas négliger la difficulté d'être durablement managé quand on déteste ça ;
- de ne pas négliger la difficulté de devoir manager des équipes qui ne nous respectent pas, ne nous croient/sentent pas légitimes ou compétents ;
- de ne pas négliger enfin l'impact collectif des questions de places justes. Ne pas être à sa place concerne en réalité tout le monde autour de vous.

Changer de niveau ? Quand se poser la question ?

- Quand vous vous sentez à l'étroit dans votre job, que vous n'avez pas le sentiment de pouvoir vous y exprimer complètement, alors même que le job vous semble juste.
- Quand, à l'inverse, le poids du job est trop lourd, que vous aimeriez pouvoir en faire moins, ou différemment.

Ces restaurateurs qui renoncent à leurs étoiles

Pour ne citer ici qu'un seul exemple emblématique[1], Olivier Roellinger – chef triple étoilé au Michelin, à Cancale, en Bretagne – a décidé en 2008 de fermer son restaurant gastronomique. Et d'ouvrir à la place un simple bistro marin, pour cuisiner autrement et alléger la charge associée. Prouvant ainsi qu'on peut renoncer – même aux positions les plus prestigieuses – pour retrouver une place au travail différente, plus légère et plus libre… mais pas nécessairement moins juste !

Et les exemples se sont ensuite multipliés, ainsi qu'en atteste un reportage[2] publié en janvier 2021 sur le site Europe1.fr à l'occasion de la sortie du guide Michelin :

« Pour la première fois depuis 35 ans, Gilles Tournadre est serein. Il y a six mois, ce chef normand a écrit au guide Michelin pour indiquer qu'il ne voulait plus de ses deux étoiles. Selon lui, la pression était devenue trop forte. "À chaque sortie du Guide, pendant huit jours, je stressais", avoue-t-il. Le Rouennais souhaite beaucoup plus de simplicité dans le fonctionnement de son établissement, un peu comme un bistro. "Lorsque l'on fait des amuse-bouches, des petits fours, un plat-dessert, c'est du personnel. Ce sont des frais que je veux descendre pour pouvoir proposer au client un prix plus juste."

Même esprit chez Saquana à Honfleur. Le confinement a métamorphosé le restaurant doublement étoilé d'Alexandre Bourdas : "Le menu gastronomique était à 150 euros, aujourd'hui on peut déjeuner pour 16 euros", fait-il valoir.

1. Joël Robuchon avait déjà renoncé à ses trois étoiles en 1996, alors que le *Gault et Millau* l'avait primé en 1990 du titre de « cuisinier du siècle ». Et Alain Senderens, chef du Lucas Carton à Paris, avait également renoncé en 2005 aux trois étoiles du guide Michelin, accordées depuis… vingt-huit ans. « Ce que je veux, c'est mettre moins de service, moins ampoulé et plus sympa, plus en prise directe avec l'air du temps. »

2. Pierre Herbulot, « Guide Michelin 2021 : la nouvelle vie de ces chefs qui ont renoncé aux étoiles », Europe1, 2021.

Boulangerie le matin, salon de thé entre les services du midi et du soir, sushis à emporter… Bref, l'organisation du restaurant a pris ses distances avec la gastronomie un peu guindée. "Ce lieu sera vraiment abouti lorsque l'on verra, à 18 heures, des petits vieux venir boire un blanc et jouer aux cartes. Qu'il n'y ait ni règles ni système, et que ce soit juste un endroit où l'on rentre et où l'on profite !", explique Alexandre Bourdas. »

Dans tous les cas, il s'agit bien de faire plus simple, plus léger, plus libre… donc plus juste pour les chefs concernés. À cet instant-là. Parce que les envies changent, et les places avec.

De la même manière, les séries policières regorgent – de façon réaliste – de personnages de flics qui refusent les honneurs d'une promotion parce qu'ils ont parfaitement conscience que cette promotion changerait en réalité radicalement la nature même de leur job.

Quand on aime le terrain, des fonctions de siège – plus technocratiques, plus politiques, inscrites dans des espaces et des rythmes différents – ne sont en effet pas nécessairement souhaitables. Ce n'est pas toujours une évolution naturelle, même si l'argent et le prestige y sont facilement associés.

Logiques à l'œuvre et clés de changement

Reconnaître sa juste valeur

Ni trop ni trop peu, les voies justes sont toujours des voies du milieu. Mieux je me connais, plus je m'estime ainsi avec justesse – sans excès d'arrogance ni d'humilité –, plus facilement je peux identifier, chercher, incarner, faire respecter une place qui soit juste pour moi.

Prendre sa place, toute sa place, rien que sa place

Une place juste a une certaine dimension, elle correspond à une certaine « pointure ». Ne pas vouloir incarner la totalité de son potentiel, c'est refuser sa propre croissance. Se vouloir plus fort, plus accompli, plus ambitieux qu'on ne peut l'être, c'est pécher par inconscience ou par avidité.

Changer de pot, changer de peau

Quand une plante grandit, elle a besoin d'un pot plus grand, pour pouvoir y planter ses racines et s'y développer. C'est pareil pour chacun de nous. Si je progresse au travail, je peux avoir besoin de prendre de l'ampleur, donc aussi d'un job qui me le permette.

Il peut être ainsi parfaitement naturel de faire les cafés quand on est stagiaire, dans une première prise de contact avec le monde du travail, et parfaitement légitime ensuite de ne plus avoir envie d'accomplir seulement les jobs de base. Nos capacités évoluent, nos envies changent, notre job doit pouvoir évoluer avec.

Cinq histoires vraies : parce que de vrais changements sont possibles !

Anna et la nécessaire ascension

Anna est une jeune femme brillante, mais (donc ?) impatiente. Rien ne va jamais assez vite pour elle. Et c'est vrai qu'elle a beaucoup d'énergie, qu'elle comprend très vite, qu'elle « pulse » en toutes circonstances. Problème : elle est entrée dans une très grande société française où les décisions sont très partagées, l'exigence de consensus toujours importante, les grilles de salaire resserrées, où il convient pour chacun d'avancer au rythme du paquebot. À moins d'être diplômé d'une école vraiment prestigieuse, ce qui n'est pas son cas. Son profil est plus direct et plus opérationnel qui plus est…

Elle piaffe, elle râle, elle souffre, elle trépigne. Et bien sûr, elle se remet en question, elle doute, elle se demande ce qu'elle a mal fait… Elle pourrait quitter l'entreprise et tenter sa chance ailleurs, mais, à ce stade, elle le vivrait un peu comme un échec. Et sans garanties de mieux réussir ailleurs, selon elle.

Avec elle, pour elle, mon job va donc consister surtout à lui rendre une vision plus juste de son potentiel réel : opérationnalité forte, vitesse d'exécution élevée, envie précoce et marquée d'exercer des responsabilités, appétence (réelle) pour le management d'équipes… Plus elle va prendre conscience ainsi de ses forces, donc de sa différence, plus elle va pouvoir œuvrer concrètement à son développement professionnel.

Elle va ainsi pouvoir candidater très vite en interne sur des jobs de niveau plus élevé… et, à sa propre surprise, on va même lui en confier un ! De très bon niveau. Plus vite qu'il n'était habituel par rapport aux schémas de carrière ordinaires. Mais sa détermination, sa conviction et ses qualités ont forcé ici le respect et la décision.

Trouver sa place au travail, c'est en effet aussi respecter son rythme d'évolution. Et son rythme propre, surtout quand il est rapide, n'est pas nécessairement celui de l'organisation qui nous emploie.

Stéphane et la tentation de l'indépendance

Stéphane est médecin, spécialiste, et travaille à l'hôpital à Paris. Il aimerait sortir d'un carcan très lourd et d'un environnement de travail pas toujours bienveillant pour un exercice plus libre et des pratiques plus personnelles, alternatives, difficiles à concilier avec les cadres mentaux de l'hôpital public. Mais il est inquiet, peu confiant, a toujours été salarié et hésite à franchir le pas d'une position plus libérale.

La solution pour lui va consister surtout à ne pas opposer… mais à concilier les deux plans. Ne pas penser en termes de « ou », mais de « et », pour garder un job salarié dans un environnement qu'il connaît bien, et auquel il reste attaché, tout en tentant l'aventure libérale, mais à temps partiel, sur une base ainsi prudente et progressive.

Pour y parvenir, il lui faut seulement négocier de passer à mi-temps, donc changer de job dans l'univers hospitalier, tout en commençant tranquillement à accepter des premiers patients en direct. Rien d'insurmontable ! Tout va d'ailleurs très bien se passer. Les solutions les plus radicales ne sont en effet pas nécessairement les meilleures.

Alexandre et les tentations dangereuses

Alexandre est un cadre de très bon niveau, sociable et compétent. Marié avec une femme qui travaille peu, mais considère qu'il lui doit des conditions de vie très confortables, il s'évertue à maintenir en permanence un très haut niveau de vie, à partir de positions professionnelles aussi prestigieuses que possible.

Problème : ces positions – que ses compétences, sa dynamique et son entregent lui permettent effectivement d'obtenir – ne lui correspondent en réalité pas du tout. Il est trop indépendant, trop libre de son discours, trop soucieux de respecter ses propres valeurs pour y faire tous les compromis politiques nécessaires. Et puis il ne fait pas partie de « ces mondes-là », il vient d'un milieu bien plus modeste, il n'en incarne pas les modes de fonctionnement, il n'y est donc pas vraiment accepté. Bilan : il est vite, souvent, facilement remercié.

Après une série d'échecs ainsi très désagréables à vivre, il entreprend une vraie réflexion personnelle. Pour réaliser – progressivement – que la dynamique dans laquelle il est engagé… n'est en réalité pas la sienne !

Des prises de conscience personnelles douloureuses – et un divorce associé – lui ouvrent alors la porte d'une incarnation professionnelle différente, plus légère, plus libre et plus juste.

Trouver son vrai niveau, sa vraie liberté, suppose en effet de ne pas être pollué par des considérations extérieures. Je ne peux trouver ma place que si je suis à mon écoute.

Carolina et le juste équilibre

En quelques années à peine, Carolina est passée d'un extrême à l'autre. Très bien diplômée, manager dans une grande organisation internationale, elle a suivi dans un premier temps les voies supposées royales des carrières les plus sages. Mais elle n'en partage au fond pas les valeurs, et se retrouve très vite tiraillée entre une conscience écologique grandissante et la loyauté au modèle officiel.

Elle profite ainsi d'un plan social pour prendre du recul, mais, faute de savoir concilier ce qui lui semble encore inconciliable, se retrouve durablement à ne plus travailler du tout, ou à peine, seulement quelques courtes missions dans des environnements associatifs, sans beaucoup de relief ni de perspectives. Et moins elle travaille, plus il lui est difficile de revenir à l'emploi…

Un peu perdue, elle vient réfléchir avec moi à ce qu'elle pourrait faire maintenant de sa vie professionnelle. Ingénieure et passionnée de développement durable, le terrain de conciliation semble cependant clairement dessiné. Mais comme l'univers ONG ne semble pas lui convenir, il lui faudrait retrouver une place dans un cadre plus libéral. Problème : elle manque un peu de compétences encore, donc de légitimité potentielle.

Mais comme la vie est parfois bien faite, surtout quand on sait où on doit aller, c'est une relation personnelle, un camarade de promotion, qui va lui offrir l'opportunité dont elle a besoin, dans le cadre d'une création de poste dans une société de conseil. Elle y fera ainsi ses premières armes, s'y formera plus avant, avant de prendre une responsabilité plus concrète dans un groupe industriel.

Aujourd'hui, la transition est faite. La conciliation a eu lieu.

Michèle, ou comment oser franchir le pas

Michèle est conservatrice dans un grand musée français. Elle s'y plaît, elle aime profondément son métier, même si tout n'y est pas facile.

Et elle aimerait y rester, d'autant que les jobs alternatifs sont rares et plutôt moins prestigieux.

Son n+1 va partir à la retraite, et la question de sa succession s'est donc ouverte. Une part d'elle a envie de briguer le poste, une autre s'y refuse. La première a envie d'évoluer, de grandir, d'assumer plus de responsabilités, sur un territoire plus large, et sait que les opportunités de ce type seront très peu nombreuses pour elle, sauf à changer de carrière. La seconde voit la difficulté du job, dans un contexte global assez dégradé il est vrai, et la somme de responsabilités et de stress que ça pourrait engendrer, surtout pour quelqu'un qui aime faire les choses bien. Et puis il y a aussi celle qui se dit que ce n'est pas pour elle, qu'elle n'a pas les compétences, que ses diplômes ne vont pas suffire, que l'institution ne voudra pas la reconnaître…

Prise entre deux feux intérieurs, elle vient réfléchir avec moi. Je l'aide à peser le pour et le contre, à imaginer les différentes situations, à pousser jusqu'au bout chaque scénario, son prix, ses conséquences. Et puis aussi à se rassurer, à questionner cette voix en elle qui doute, à consolider ses motivations et ses envies, à mieux visualiser les bénéfices (réels) et les risques (limités). Enfin, à l'aider à prendre la posture nécessaire. Car, en recrutement, l'habit fait quand même aussi le moine. On donne plus facilement un job à celui qui semble déjà taillé pour, parle, se présente, se comporte comme s'il était déjà fait pour.

Sans être trop assurée, elle finit donc tout de même par déposer sa candidature officielle. Parce que c'est la seule chose à faire au fond. Et puis aussi pour éviter, si elle le peut, d'être managée par quelqu'un qu'elle n'apprécierait pas ou, pire, dont elle ne respecterait pas les compétences réelles. Et elle se prend au jeu. Elle cherche des appuis en interne, collecte des informations, parle avec certains décideurs ou prescripteurs de la décision.

Résultat : à sa propre surprise… elle obtient le poste ! Facilement. C'était clairement la seule candidate vraiment crédible en fait, compétente, disponible, engagée, connaissant parfaitement les arcanes du job et de l'institution. Le doute ici n'était pas utile.

« À l'intérieur de nous, il y a quelqu'un de profondément conscient qui sait parfaitement quelle est notre vraie place à chaque instant de notre vie. »

Conseil clé

Lucidité !

À l'intérieur de nous, il y a quelqu'un de profondément conscient qui sait parfaitement quelle est notre vraie place à chaque instant de notre vie. Mais nous ne l'écoutons pas toujours.

Dans certaines situations de burn-out, par exemple, c'est d'ailleurs lui qui met les machines en panne. Si le capitaine n'entend pas la réclamation et persiste à vouloir s'engager dans des voies peut-être prestigieuses ou rassurantes – mais fausses pour nous à cet instant –, l'arrêt brutal peut être la seule solution possible. Burn-out ou dépression peuvent être ainsi les indicateurs très précieux d'un besoin de changement rapide et profond.

Condition de réussite

Se donner une **AUTORISATION** !

Autorisation de progresser, de prendre toute ma place naturelle, d'être (enfin) reconnu à ma juste valeur, même et surtout si je ne l'ai pas été enfant.

Autorisation de renoncer, sinon de rester dans des positions modestes mais justes, de ne pas suivre les voies supposées royales, de ne pas se sentir obligé de satisfaire les espoirs de la famille ou ses injonctions de réussite à tout prix.

CHAPITRE 5

Changer de voie

Changer de métier, de vie professionnelle, accepter, assumer ainsi un changement plus radical, au plus près de ses drivers *propres...*

C'est bien sûr la voie royale du changement, celle qui fait couler le plus d'encre et alimente le plus de fantasmes. Qui n'a pas rêvé de tout plaquer pour se réinventer ?

C'est possible bien sûr, et certains y parviennent avec brio. Mais ce n'est jamais la voie la plus simple ni la moins semée d'embûches... Envies de surface et motivations vagues, s'abstenir !

Définition

Par changer de voie, nous entendons ici une réorientation professionnelle radicale. Par exemple :

- devenir plombier, pâtissier, mécanicien, maraîcher, paysagiste, éleveur de chevaux quand on est contrôleur de gestion, banquier ou assureur ;
- devenir thérapeute, coach, masseur, acupuncteur, ostéopathe, naturopathe quand on est responsable du marketing ou business développeur ;
- devenir comédien, peintre, photographe, écrivain quand on est fonctionnaire territorial, médecin ou avocat ;

- devenir restaurateur, ébéniste, marchand d'art ou architecte d'intérieur quand on vend des ordinateurs ou des téléphones, qu'on est instituteur ou infirmier ;
- devenir instituteur ou infirmier quand on est comptable ou commercial ;
- devenir informaticien quand on est serveur ou vendeur en boutique ;
- … et tout ce que vous pouvez imaginer, *vous*, comme vies alternatives au travail !

Questions en jeu

Il y a de très nombreuses raisons pour lesquelles on peut être amené à réfléchir en termes de changement de voie.

- On peut rejoindre une voie dont on savait depuis longtemps qu'elle était importante, mais qu'on n'avait pas pu ou pas su endosser d'emblée : sous la pression de la famille, des amis, du conjoint, des contraintes économiques, parce qu'on ne se sentait pas prêt encore, parce que ça semblait alors inaccessible…
- On peut découvrir en soi progressivement une appétence forte pour un domaine, un métier, un champ d'activité qui demande à être incarnée.
- On peut se lasser profondément d'un certain type de job, de position, de contexte de travail et avoir désormais besoin absolument de faire autrement.
- On peut avoir le sentiment d'avoir fait le tour d'un métier, d'en avoir terminé, d'avoir épuisé les charmes et les possibilités associées.

Les meilleures sont cependant toujours liées à une envie profonde alternative, un centre d'intérêt puissant, une passion, ancienne ou plus récente.

Les changements les plus aboutis se font en effet – généralement – en quittant des voies prises un peu par hasard, sous la contrainte ou par opportunisme pour venir incarner ce qui nous a toujours tenu à cœur. Même si on l'avait oublié, enfoui, refusé jusqu'ici…

Mais de belles surprises sont toujours possibles !

Changer de voie ? Quand se poser la question ?

- Si clairement vous n'aimez pas, vous n'aimez plus ce job-là.
- Quand plus rien ne vous attire, ne vous inspire dans votre univers de travail. Quand aucune annonce d'emploi – en interne comme en externe – ne vous donne plus la moindre envie de postuler non plus. « Mon prochain boulot m'ennuie déjà », m'avait dit l'un de mes clients, par exemple. Avant de prendre un congé sabbatique pour se consacrer à des activités résolument créatives…
- Idéalement : quand vous portez – en même temps – une idée alternative réelle et forte.

Merci de ne pas devenir coach !

Attention ! Il est cependant une erreur majeure et fréquente pour tous ceux qui souhaitent se réinventer. Elle consiste à confondre nouvel équilibre intérieur… et réinvestissement extérieur. Ou, en d'autres termes, à confondre ce dont j'ai besoin aujourd'hui pour un meilleur équilibre personnel avec ce que je vais pouvoir exercer comme métier demain.

Si j'ai besoin, par exemple, d'exprimer une créativité trop longtemps enfouie, il est très important que je puisse enfin y consacrer du temps et de l'énergie (nous en reparlerons en détail au chapitre suivant : « Changer de vie »). Mais ce n'est pas une raison pour penser que je vais pouvoir m'orienter facilement vers un métier d'artiste ou une activité à très forte dimension créative.

La confusion est tentante, car elle repose sur l'idée très motivante de pouvoir réconcilier enfin mon job et mes envies personnelles… mais le piège est redoutable aussi. Car si, justement, je n'ai jusqu'ici rien exprimé de tel encore, alors la probabilité que ce soit possible demain à un niveau professionnel, c'est-à-dire en étant rémunéré pour, est en vérité très faible. *A fortiori* dans des métiers d'engagement et de passion, exigeants et rares, qui ne nourrissent bien qu'une poignée d'individus, généralement hautement adaptés à l'exercice, et ce depuis très longtemps.

Même dans des métiers plus prosaïques en apparence, je peux découvrir pour moi l'importance de l'art, et avoir envie de partager avec des artistes, mais ce n'est pas pour ça que je vais pouvoir ouvrir une galerie et en vivre décemment. Y a-t-il d'ailleurs même un *business model* associé si je ne suis pas déjà du milieu, avec un réseau d'artistes majeurs et de collectionneurs fortunés ?

Emblème de cette erreur récurrente, l'appétence irraisonnée d'un nombre toujours croissant d'hommes et surtout de femmes – généralement vers 40 ou 50 ans – pour les métiers du coaching. Il est certes tentant – quand on découvre enfin les vertus du développement personnel – de vouloir à son tour en offrir les bénéfices à ceux qui nous entourent. Et tentant aussi de vouloir troquer des jobs en entreprise, sous très fortes contraintes permanentes, pour des jobs libéraux qui peuvent sembler beaucoup plus libres en termes d'exercice. Mais c'est aussi – trop souvent – oublier au passage deux dimensions essentielles :

- la première, c'est que l'équilibre économique de l'activité est très délicat, compte tenu du peu de demandes, d'une offre de services pléthorique, de tarifs par nature limités quand il s'agit d'accompagner des individus hors de l'entreprise et d'une récurrence de prestation assez faible. Les seuls à en vivre bien sont les écoles de coaching, et quelques *executive coachs* de haut niveau, avec des clientèles triées sur le volet et des tarifs très élevés ;
- la seconde, c'est qu'avoir suivi une formation spécifique – même de très bonne qualité – n'est en rien

suffisant. Par exemple, un coach de managers doit aussi être un vrai pro du management, avec une expérience réelle et un recul sur la fonction.

Bilan : une grande majorité de ceux qui ont été formés ne travaille pas, ou très peu, ou seulement en complément de prestations plus classiques, de conseil ou de formation par exemple. Et ce même s'il y a des exceptions, mais qui se distinguent généralement par leur engagement, l'importance de leur réseau et leur capacité à communiquer très largement.

Se rapprocher de soi, découvrir de nouvelles facettes de sa personnalité, exprimer ses envies et ses talents : OUI. Toujours. Sans hésitation. Sans modération.

Penser que ces nouvelles facettes, ces talents récemment exhumés, ces compétences à peine acquises vont pouvoir rapidement et facilement constituer un vrai nouveau job rémunérateur : ATTENTION !

Le travail est un lieu de conciliation entre contraintes et envies, ce que je porte et ce que je dois partager, là où ça fait sens pour moi et là où ça va faire sens pour celui qui me rémunère. Ce ne doit certes pas être un lieu de soumission à la volonté de l'autre, mais ce ne peut pas être non plus un hobby créatif, détaché de toute contingence.

Ni bon petit soldat ni poète maudit…

Logiques à l'œuvre et clés de changement

Drivers *obligent !*

Un changement de voie appelle – plus que d'autres niveaux de changement, plus intérieurs ou plus simples – une compréhension fine de ses *drivers* (au sens de leviers de motivation profonde, voir partie 2, chapitre 1).

Qu'est-ce qui me motive vraiment ? Qu'est-ce qui m'anime au fond ? Quelles sont pour moi les priorités en termes d'activité ? Quelles sont les dimensions qui doivent absolument être respectées pour que je me sente bien au travail ?

Chacun selon sa personnalité

Chacun ses *drivers*… et chacun ses logiques de perception aussi ! Mieux vous vous connaissez, plus vous êtes conscient de ce qui vous anime et vous distingue, plus facilement vous pourrez choisir ainsi une voie qui vous correspond vraiment. Au-delà des discours, des modes, des influences ou des commodités de circonstance…

Pour ne prendre ainsi qu'un exemple de typologie de personnalités parmi beaucoup d'autres, les travaux de Carl Gustav Jung (sur lesquels s'appuient des tests de type MBTI® ou Golden®[1] par exemple) nous rappellent ainsi que nous disposons chacun :

- De deux fonctions de perception, de recueil de l'information, l'intuition et la sensation, avec pour chacun de nous une préférence plus ou moins marquée :
  - sensation (dans le visible, là où ça se voit, se touche, se mesure) ;
  - intuition (plutôt dans l'invisible, là où ça ne se voit pas, où ça n'existe pas encore).
- De deux fonctions d'évaluation, de prise de décision, la pensée et le sentiment, avec de même une préférence plus ou moins nette pour chacun :
  - pensée (j'analyse, je calcule, j'évalue) ;
  - sentiment (j'aime ou je n'aime pas).

---

1. Le *Myers Briggs Type Indicator* (MBTI®) est un outil d'évaluation psychologique classique, déterminant le type psychologique d'un sujet parmi seize types différents, suivant une méthode proposée dès 1962 par Isabel Briggs Myers et Katherine Cook Briggs. Le Golden en constitue comme une version étendue, incluant des dimensions complémentaires, notamment la stabilité émotionnelle et la résistance au stress.

- De deux logiques d'orientation de l'énergie, introversion ou extraversion, avec toujours une dominante :
  – introversion (tournée vers l'intérieur) ;
  – extraversion (tournée vers l'extérieur).

Sur ces bases, et de façon vraiment très schématique, on pourrait dire, par exemple, à titre de simple illustration, que :

- un individu de type « sentiment-sensation » aura besoin de matière concrète et de relations vivantes, *a fortiori* s'il est plutôt extraverti. Ce sera facilement le profil d'un patron de restaurant par exemple, ou celui de commerciaux classiques, qui vendent des produits concrets à des gens réels ;
- un individu de type « pensée-intuition » préférera des approches plus abstraites et plus dématérialisées. Il sera à l'aise avec ce qui ne se voit pas, ne se touche pas, voire n'existe pas encore, *a fortiori* s'il est plutôt introverti. Ce sera facilement le profil de patrons de start-up, et – plus généralement – de beaucoup de concepteurs, surtout dans des domaines tech ou financiers, par exemple ;
- un individu de type « pensée-sensation » aimera des approches à la fois rationnelles et concrètes, où la pensée peut se déployer sur des bases ordonnées, prouvées, scientifiques. Ce sera facilement le profil d'un ingénieur BTP, d'un architecte de réalisation ou d'un chirurgien ;
- un individu de type « sentiment-intuition » aimera, quant à lui, plutôt travailler sur une matière humaine, à la fois vivante et incertaine. Ce sera facilement le profil d'un recruteur ou d'un thérapeute, plus concernés par l'humain et sa compréhension, et moins par la matière et l'analyse raisonnée.

Bien sûr, pas de type supérieur aux autres ici, en aucune façon, seulement des préférences à reconnaître, et des différences à mesurer.

Plonger profond en soi

Il vous appartient donc ainsi de dé-couvrir (car c'est souvent un peu caché) ce qui vous constitue en propre, vous motive, vous anime profondément.

Dans mes premiers entretiens avec un nouveau client, comme aussi dans mes entretiens de recrutement quand j'essaie de comprendre un parcours professionnel, j'aime ainsi revenir avec eux… jusqu'au bac. Pour savoir où ils en étaient à ce moment-là, ce qu'ils se racontaient alors, ce qui leur faisait envie pour l'avenir, même de façon vague ou un peu chimérique. Certains n'avaient vraiment aucune idée encore de ce qu'ils souhaitaient faire, d'autres ont suivi naturellement des voies déjà tracées sans se poser plus de questions, mais d'autres au fond se sentaient concernés par des dimensions qui n'ont pas toujours été entendues ni exploitées. Et ces dimensions-là sont souvent riches de sens, parce que venues spontanément à des âges de grande ouverture (et d'incertitudes aussi). Les meilleures idées sont souvent là tôt !

Une autorisation… et un deuil

Quand on pense aux difficultés à trouver sa place, on pense facilement aux questions d'autorisation. Et à raison. Mais il y a une dimension qu'on occulte généralement au passage : celle du deuil à faire en parallèle…

Trouver sa place au travail, sa vraie place, sa place à soi, suppose bien sûr de s'en donner le droit. Un droit qui souvent ne va pas de soi, car il n'a été concédé ni par la famille, ni par l'école, ni par les proches, ni par l'entreprise. Or, je ne peux pas être qui je suis, l'exprimer, le faire rayonner si je ne m'en donne pas l'autorisation.

Pour autant, le fait d'être souvent resté à l'intérieur des limites et des voies (voix ?) définies par d'autres n'a pas eu que des conséquences limitantes. Elle nous a aussi obligés à compenser. Si, par exemple, je ne me donne pas le droit d'exprimer la créativité que je porte, je vais sûrement… la rêver ? M'imaginer artiste à défaut de peindre…

Grand écrivain même si je n'écris pas… Me raconter que j'aurais pu avoir un vrai destin sur les planches si on m'avait laissé m'y mettre, encouragé, soutenu… Rien de plus naturel au demeurant, et rien en soi de contestable. Sauf que…

Sauf que le jour où, justement, je progresse et que j'accepte enfin de revendiquer ma créativité, et de la réaliser concrètement, je ne vais pouvoir l'incarner que de là où j'en suis réellement, avec le peu d'expérience que j'ai encore et les limites qui sont de toute façon les miennes. Pas de là où je me suis rêvé pendant toutes ces années. Dans la réalité, pas dans le fantasme.

Il va donc bien falloir pour y parvenir que je fasse aussi le deuil de cette image idéalisée de compensation. Et c'est souvent bien plus douloureux dans les faits que de s'accorder enfin l'autorisation nécessaire. Parce que se donner le droit a bien sûr une évidente dimension de libération et de progrès. Alors qu'accepter de n'être qu'un débutant encore maladroit, un écrivain peut-être moyen ou un acteur limité oblige l'ego à un vrai renoncement. Ni interdit, ni prétention, ni fausse modestie, ni grandiosité… encore et toujours une voie du milieu.

Pas d'âge pour le changement

Cette recherche de voie nouvelle (de voix nouvelle ?) peut s'exercer à des âges très différents, n'en doutez pas : jeune, mature, plus tard… Il n'y a pas d'âge pour évoluer, même si c'est souvent plus facile jeune, bien sûr, avec moins de contraintes et d'ancrages.

Pour trouver, retrouver une vie professionnelle qui nous correspond mieux, il n'est ainsi jamais trop tôt ni trop tard. Cette année, j'ai accompagné un jeune de 25 ans qui s'ennuyait dans son premier job, une femme de 55 ans qui a effectivement changé de voie, comme deux jeunes retraitées qui cherchaient à utiliser au mieux leur énergie.

On peut réfléchir à son orientation dès 15 ans, et retrouver encore des projets à 70. On n'est vieux que quand on pense qu'on l'est ! Et on peut changer tant qu'on en trouve l'envie en soi.

Quatre histoires vraies : parce que de vrais changements sont possibles !

Amélie et l'ostéopathie révélée

Quand je la rencontre, Amélie est une jeune femme désespérée. Elle a toujours rêvé d'être chirurgienne. Elle est donc entrée en fac de médecine… mais elle n'a pas supporté les cours (très théoriques), l'ambiance, la pression. Elle a craqué en moins de six mois. Comme elle ne manque pas d'ambition sociale, elle est entrée ensuite dans une école d'ingénieurs. Rebelote. Même cause, mêmes effets. Elle a le sentiment de ne plus rien savoir, de ne plus rien valoir et d'avoir totalement échoué.

En échangeant librement avec elle, à la recherche de ses *drivers* propres, je constate cependant rapidement qu'elle a en réalité une appétence marquée pour tous les jobs de services concrets qu'on peut effectuer avec ses mains. Quand je la fais travailler sur des positions – même modestes – dans lesquelles elle pourrait se projeter apparaissent ainsi des métiers comme coiffeuse ou cuisinière par exemple, loin, très loin – en apparence –, des métiers scientifiques évoqués jusqu'ici.

Je comprends alors avec elle que ce qui lui importait dans le métier de chirurgien… c'était de soigner avec ses mains ! Pas de suivre des études théoriques brillantes, mais d'exercer un métier utile, manuel et concret. Ce qui expliquait à la fois son appétence pour l'idée de la chirurgie… et sa réticence face à la réalité des études qui y conduisent. Je lui demande alors : mais pourquoi ne pas devenir ostéopathe (kiné aurait été possible aussi, mais il faut désormais valider au moins une première année de médecine, ça semblait donc difficile) ? À l'instant précis où je prononce le mot, son visage s'éclaire d'un coup. Oui, bien sûr !

Au fond, elle le savait déjà. Mais, peut-être sous la pression sociale et familiale, avait-elle eu du mal à le poser d'emblée comme un choix majeur. C'était pourtant logique, un métier de service très direct, très concret, où on soigne, là, tout de suite… et de manière très corporelle. Et ce sont donc bien des études d'ostéopathie qu'elle va entreprendre, avec plaisir cette fois.

Laura et la compréhension de ses vrais drivers

Jeune diplômée de grande école, Laura effectue son premier job dans une très belle start-up, au sein d'une fonction financière. Mais elle s'y ennuie. Beaucoup. Le job est parfaitement conforme à ses attentes supposées, le contexte très valorisant, le salaire tout à fait comme il faut. Ses amis ne comprennent donc pas les réserves de son discours, mais c'est ainsi. L'ennui l'habite et la domine.

Comme je l'ai aidée à réussir ses concours quelques années plus tôt, elle vient me voir pour en parler. Nous refaisons le point ensemble sur ses clés de motivation personnelle profonde. Elle aime le sport (c'est d'ailleurs aussi une tenniswoman d'excellent niveau), l'entrepreneuriat, les relations, elle a envie de sens et d'impact concret.

Elle réalise alors que le job qu'elle a choisi est conforme à l'idée que tout son environnement se fait de ce qu'est une voie royale pour jeune diplômée émérite… mais que ça ne correspond à rien de ce qui est important pour elle, si ce n'est en termes de légitimité sociale. La fonction en effet est très abstraite en réalité. Elle passe sa vie devant un écran d'ordinateur, généralement à distance, en télétravail, seule chez elle. Elle remplit des tableaux Excel, effectue des calculs, consacre beaucoup de temps et d'énergie à des questions de reporting pointues. Pour un projet ambitieux – mais très virtuel – de plateforme de marché dont l'utilité sociale vivante reste très largement à démontrer.

Elle décide donc de revenir à ses motivations à elle. Elle aimerait quelque chose dans l'univers du sport, dans tous les cas une activité plus concrète, de vrais contacts, avec une utilité, un sens plus direct, plus évident. De façon alors très étonnante – mais la vie est souvent bien faite quand on a posé une intention juste –, une opportunité cohérente, en phase avec ses envies, va justement se présenter très vite pour elle dans une structure en création. Et elle va changer sans regret, pour un job pourtant plus aléatoire et moins bien rémunéré.

Juliette et la thérapie initiatique

Juliette – qui a rédigé avec moi certaines parties de cet ouvrage – représente aussi un exemple tout à fait réussi de changement de voie radicale. Passionnée d'astrologie dans sa jeunesse, très indifférente aux études classiques et aux métiers qui vont avec, elle va entrer dans le monde du travail sans beaucoup de conviction, enchaîner des jobs qui ne lui correspondent guère jusqu'à devenir – par hasard – rédactrice... de contrats d'assurance ! Un job essentiellement alimentaire qui va lui permettre d'élever son fils sereinement, mais sans engagement ni perspectives.

Convaincue par ailleurs à titre personnel de l'importance d'un travail thérapeutique approfondi, elle va notamment suivre une thérapie transgénérationnelle. Puis, très intéressée par l'approche dont elle mesure directement les bienfaits, elle va s'y former en profondeur avec celle qui l'accompagne.

Profitant d'un licenciement à l'amiable, et de la vente de son appartement, elle va quitter le monde de l'assurance pour s'engager alors résolument dans une pratique libérale. Multipliant les livres, les conférences, les interviews, elle va acquérir ainsi progressivement la notoriété nécessaire à la création d'une clientèle durable.

Preuve vivante qu'on peut effectuer et réussir des changements radicaux... même quand on a débuté sans aucune appétence professionnelle ! Mais avec du temps, de l'implication et de vraies convictions, bien sûr...

Christophe : de la SSII à l'exploitation agricole !

Christophe est un ami (et un client aussi, les deux ne sont pas incompatibles !). Entrepreneur naturel et accompli, il a brillamment réussi dans l'univers informatique.

Approchant de la retraite, mais avec toujours beaucoup d'énergie, il souhaite quitter un monde dans lequel il a œuvré longtemps – et dont les évolutions permanentes ne sont pas toujours si faciles à accompagner –, tout en conservant une activité dynamique. Mais aussi en vivant une expérience nouvelle et en jouant un rôle utile au passage. Sa passion ? La gastronomie. Il y a aussi en lui un chef potentiel !

Avec l'argent retiré de son business d'origine, il va donc, un peu par hasard, acquérir un domaine oléicole en Provence. Objectif : cultiver oliviers et chênes truffiers, afin de produire une huile d'olive premium et des truffes sous les chênes. Et comme les entrepreneurs restent des entrepreneurs… il va bien sûr y mettre de l'énergie, des moyens, des compétences. Résultat : une production qui croît rapidement, en qualité et en quantité, de premières récompenses internationales, des chefs étoilés comme clients… Et ce dans une approche résolument bio, écologie oblige. Ou comment concilier, sur une base très concrète, son talent d'entrepreneur et son goût pour la gastronomie. Parce que les vraies compétences peuvent aussi se transposer dans des univers très différents, pour peu qu'on en ait la motivation profonde !

> ***« Les changements les plus aboutis se font – généralement – en quittant des voies prises un peu par hasard, sous la contrainte ou par opportunisme pour venir incarner ce qui nous a toujours tenu à cœur. »***

Conseil clé

Au plus près de ses ***DRIVERS*** !

Au risque de nous répéter ici, la réussite d'un repositionnement professionnel radical suppose une haute proximité d'avec ses drivers profonds. Si je change de voie, c'est pour me rapprocher de moi-même.

Condition de réussite

Avoir du TEMPS devant soi !

Un changement, c'est souvent long, surtout passé les premières années naturellement consacrées à la formation : temps de compréhension de la situation en jeu et d'identification d'une voie différente, temps de maturation, de décision, de négociation (avec soi-même aussi), formation(s) alternative(s), temps de mise en place concrète... on ne se télétransporte jamais directement dans un job tout neuf !

Si se mettre à son compte dans un métier qu'on connaît déjà, où on a déjà un réseau, peut aller relativement vite (mais il s'agit là plutôt d'un changement de niveau, comme évoqué au chapitre précédent), autant se construire une clientèle *ex nihilo* est un exercice qui prend toujours beaucoup de temps, *a fortiori* s'il s'agit d'une clientèle de particuliers. Pour un thérapeute, par exemple – quelle que soit sa spécialité –, comptez souvent trois, cinq ou sept ans avant de remplir vraiment régulièrement son carnet de rendez-vous.

La question du financement de la transition est donc cruciale. Économies prudentes antérieures, indemnités de licenciement *ad hoc*, vente d'appartement, héritage, soutien fidèle du conjoint ou de la famille, toutes les opportunités seront ainsi les bienvenues. Sans possibilités de financement, le projet est très aléatoire. Ou alors il va falloir prendre le temps de le construire en parallèle de son job existant, très progressivement, le soir, le week-end, en négociant un 4/5e, puis un mi-temps, par exemple.

CHAPITRE 6

Changer de vie

Parce que les solutions parfois sont ailleurs… dans un changement d'environnement personnel, une expression créative parallèle, etc.

Même quand on souffre au travail, changer de travail ne fait pas toujours sens. Car on peut aussi souffrir au travail pour des raisons qui ne lui appartiennent pas. Et c'est logique. Comme on y passe cinq, sept, huit, dix voire douze heures parfois pour les plus impliqués, toute frustration personnelle peut s'y ressentir avec d'autant plus d'acuité et susciter l'idée logique – mais parfois fausse – que le travail en est la cause…

Définition

Par « changer de vie », nous entendons ici l'idée de modifier quelque chose dans sa vie personnelle – en dehors même du métier que nous exerçons – afin de rétablir un équilibre important pour nous… et de soulager ainsi la perception dégradée que nous avons de notre travail aujourd'hui.

Questions en jeu

Il y a de très nombreuses façons de ne pas aller bien et d'en accuser son job. Citons, parmi elles, cinq des plus fréquentes et des plus emblématiques.

Le manque de créativité

Si je porte en moi une vraie créativité, et que celle-ci n'est jamais exprimée, je risque fort d'accuser mon job de ne pas être assez créatif. Mais les jobs vraiment créatifs sont rares et vivre de son art souvent une gageure.

Le manque de mouvement

Si je porte en moi un vrai besoin de mouvement, d'expression physique, et que le job que j'ai choisi n'en permet pas l'expression.

Le manque de relations

Si je porte en moi une envie profonde de contacts, d'échanges, de relations, et qu'elle n'est pas satisfaite parce que je suis trop isolé dans mon job, ou que les relations que je peux y vivre ne m'apportent pas ce dont j'ai besoin… sur un autre plan.

Le manque de sens

Si je ressens profondément le manque de sens de ce que je fais. Ce peut être aussi une raison de changer de voie bien sûr, mais c'est peut-être aussi l'expression d'un manque d'une autre nature (spirituel par exemple).

La tentation de rejouer au travail de vieux schémas du passé

Le patron/le boss – homme ou femme, bien sûr – fait facilement figure de père ou de mère, dans des rapports salariés qui renvoient toujours quelque part aux positions infantiles. On peut donc être tenté de rejouer au travail (pour mieux les comprendre et les dénouer) des histoires qui ne le concernent pas.

Changer de vie ? Quand se poser la question ?

- Si vous reprochez à votre job de ne pas vous apporter… ce qu'il ne peut pas vous apporter !
- Si – au fond de vous-même – vous savez très bien que le problème n'est pas là.

Être accompagné ?

Il est toujours difficile d'être à la fois juge et partie. D'être en même temps celui qui réfléchit à son job, qui doute, qui décide, qui propose, qui communique, qui argumente, qui se rassure… Il peut donc faire sens d'être accompagné dans l'exercice. De bénéficier de l'appui, du regard, de l'expérience d'un tiers neutre et compétent. Si les plus grands sportifs ont généralement un coach, voire un coach et un préparateur mental, pourquoi ne pas tenter l'expérience vous aussi ? Surtout si vous sentez – trop bien – que le passage est difficile pour vous, que vous avez du mal à entrer dans la réflexion, ou à franchir le pas du changement…

Sans même parler ici de psychothérapie – profondément utile pour éclairer nos ressources, nos entraves inconscientes, nos *drivers* et nos lieux d'ombre –, mais s'inscrivant nécessairement dans un cadre plus large et généralement dans un temps plus long, un accompagnement personnalisé peut vous aider à mieux comprendre la situation dans laquelle vous évoluez, vos difficultés ou vos insatisfactions, les clés de changement nécessaires et comment les mettre en œuvre. Le vocabulaire n'est ici pas essentiel. Certains parleront de coaching et l'inscriront – ou non – dans un cadre de pratiques plus ou moins strictes et labellisées, d'autres pas. En fonction des contextes, des demandes, des individus, certains accompagnements ressembleront à une formation personnalisée ou à un consulting individuel, voire à un mentoring, ou même un *sparring-partnership*. L'important, ici, n'est pas le protocole mais le résultat !

Sans militer ainsi trop ouvertement pour ma propre chapelle – mais c'est aussi la logique positive de ma propre place au travail que de croire sincèrement à ce que je fais –, je ne peux donc que vous conseiller un accompagnement si les clés du changement nécessaire ne se dégagent pas naturellement. N'hésitez pas à rencontrer, à questionner, à confronter... Un premier contact ne coûte rien.

Un accompagnement ciblé pourra en effet vous permettre de mieux éclairer vos questions. À condition :

- de trouver quelqu'un en qui vous aurez confiance. Qui entend simplement ce que vous avez à dire, accueille vos doutes et vos difficultés, vous semble réellement compétent quant aux questions que vous vous posez, et avec qui vous aurez une interaction de qualité. Il n'y a pas d'accompagnement réussi sans une forme d'alliance entre le client et le praticien (les psys parlent d'ailleurs facilement « d'alliance thérapeutique »);
- de poser un objectif clair de transformation concrète. C'est la grande différence entre les métiers du coaching et ceux de la thérapie. Un accompagnement trop existentiel, trop flou, peu défini risque fort d'en diluer l'impact. Ce n'est justement pas une thérapie, où tout est potentiellement signifiant et peut être interrogé comme tel, mais le lieu d'une conversion opérationnelle concrète au travail;
- de vous engager réellement dans la réflexion, la recherche, le travail concerné. Sans une véritable envie de changement – née de la motivation à changer ou de l'inconfort de votre position actuelle –, l'exercice risque en effet d'être décevant. Tout changement a un prix.

À noter :

- Un accompagnement ainsi défini peut ne pas être long. En deux séances, certains ont déjà obtenu un résultat, mieux compris une situation, entrevu une porte de sortie. D'autres situations en nécessitent seulement quatre, six, huit ou dix[1]...

- Pour un accompagnement individuel – réglé en direct par le client lui-même, et non par son entreprise –, les tarifs ne devraient pas être très différents de ceux pratiqués en thérapie, éventuellement un peu plus élevés seulement compte tenu de plus de partages concrets et de moins de récurrences. De 80 à 150 € TTC/heure semble ainsi une base cohérente sur le marché aujourd'hui. Même si les tarifs pratiqués en entreprise – mais dans des cadres d'exercice différents, beaucoup plus contraints – sont, eux, beaucoup plus élevés ! Un budget de quelques centaines d'euros peut donc parfois suffire (mais pas toujours) à éclairer une situation, la relire, à définir le changement nécessaire et à accompagner sa mise en œuvre au besoin. Raison de plus pour ne pas (trop) hésiter ?

Logiques à l'œuvre et clés de changement

Identifier son besoin réel

Pour savoir où vous en êtes, et de quoi il pourrait être question, il y a un exercice simple à conduire. Examinez votre job actuel, dans l'ensemble de ses dimensions, et réfléchissez :

- à ce qui vous y plaît, vous convient, vous nourrit, ce que vous aimeriez en garder ;

1. Pour dire la vérité, l'accompagnement réussi le plus rapide que j'ai conduit a duré quarante minutes... et le plus long près de sept ans ! Dans un cas, l'idée juste était déjà là, mais n'avait seulement pas encore été conscientisée par ma cliente. Dans le second, c'est tout un parcours qui s'est déroulé progressivement, depuis la sortie d'une situation très inconfortable jusqu'à une prise d'indépendance réelle et réussie.

- à ce qui vous manque aujourd'hui, ce qui vous pèse, ce qui doit changer.

Si, au fond, les critères clés de votre job ne sont ainsi pas remis en cause, et que les éléments qui vous manquent n'en font pas partie, alors vous êtes sans doute mûr pour un changement important… hors de votre cadre d'activité.

Chercher à le satisfaire… ailleurs !

Si le besoin qui apparaît ainsi est essentiel pour vous, alors il doit être entendu, accueilli, pris en compte. Mais ce n'est pas parce que c'est important que ça doit devenir un métier, ni même s'exprimer dans un cadre professionnel…

Cinq histoires vraies : parce que de vrais changements sont possibles !

Lucie et l'impératif de création

Lucie est directrice de projet dans une grande organisation publique. Elle fait bien son job, mais sans trop de conviction non plus. Elle n'a pas le sentiment de s'y épanouir. Et puis, un jour, en regardant un documentaire sur le peintre américain Jackson Pollock, elle réalise à quel point la peinture est importante pour elle et décide de se mettre à peindre. Et la peinture devient urgente, essentielle, impérative. Mais elle élève seule deux enfants, elle ne peut se permettre de tout sacrifier non plus. Et les revenus de l'art sont par trop aléatoires…

Elle va donc adopter instinctivement une position d'équilibre. Pendant quatre jours, elle reste salariée, dans un cadre social riche, et répond ainsi à des *drivers* de sécurité sans lesquels elle ne pourrait pas créer sereinement non plus. Et les trois jours suivants, elle se consacre seule à son art : créer, peindre, exposer, rencontrer, vendre quand elle le peut.

Ne pas peindre serait pour elle destructeur. Ne faire que peindre est sans doute impossible. Elle doit protéger ses enfants, sans s'oublier pour autant. La double place devient naturelle. Et la réponse à la frustration professionnelle ressentie se trouve bien en dehors des cadres habituels, dans une seconde position, dégagée de tout impératif financier majeur.

Julie et la nécessité du mouvement

Julie est médecin généraliste. Elle adore son métier, ses patients, accueillir, conseiller, soigner. Mais elle ne supporte pas de rester assise toute la journée, ou debout sans vraiment bouger, cette immobilité relative, cet enfermement au cabinet. Plus jeune, elle était d'ailleurs très sportive, toujours en mouvement, jamais à l'arrêt. Et cette frustration, cette tension permanente, menace aujourd'hui la poursuite même de son activité. Or, avec deux enfants en bas âge, elle n'a pas non plus la disponibilité pour aller courir le monde en ONG ni la liberté de se contenter de revenus trop aléatoires…

C'est la danse qui sera pour elle la clé d'équilibre nécessaire. C'est en assumant (enfin) son envie profonde de danser, en prenant des cours de danse plusieurs fois par semaine, en s'engageant aussi dans cette activité-là qu'elle va trouver son juste équilibre. Au prix d'un peu moins de patients d'ailleurs, donc de revenus, mais dans le respect de ce qu'elle est de multiple, à la fois médecin et danseuse, avec des *drivers* de service… mais aussi de mobilité physique et d'expression créative !

Nathalie et le syndrome de la mauvaise mère

Nathalie vit depuis des années une relation complexe avec sa boss, charismatique, exigeante et très dure. Elle en est usée. Elle aimerait être vue, écoutée, reconnue autrement, mais rien ne change, malgré ses efforts, malgré ses attentes.

Bien sûr, elle ne peut pas rester durablement dans ce job, elle s'y épuise, elle y perd sa confiance. Et après avoir beaucoup hésité, attendu, tergiversé, elle finit par se résoudre à partir. Elle est compétente, et dispose d'un excellent réseau professionnel, ce ne sera donc pas difficile. Mais, ce qui est important pour elle de comprendre aussi, c'est que ce ne sera sans doute pas suffisant non plus.

Sans un vrai travail thérapeutique, il n'y aura pas de vraie conversion positive. En effet, il ne s'agit pas pour elle de seulement retrouver un cadre d'exercice plus ouvert et moins oppressant, mais aussi de sortir d'une forme de dépendance, qui dépasse largement le cadre de ce job et de cette relation.

Elle rejoue en effet avec sa boss des relations beaucoup plus anciennes, avec une mère tyrannique et indifférente. Or, si elle ne transforme rien de cette attente de l'enfance, la situation risque fort de se reproduire. Parce que le besoin de changement, ici, dépasse largement le cadre professionnel.

Création de meubles : une activité unique... ou seconde ?

J'ai deux amis, un homme et une femme d'environ 40 ans, issus tous les deux de grandes entreprises, tous les deux consultants indépendants aujourd'hui, qui se sont engagés l'un et l'autre dans l'aventure de la conception et de la fabrication de meubles sur mesure. L'un et l'autre sont doués, précis, concrets, engagés. Ils vont d'ailleurs chacun à leur manière réussir dans cette reconversion. Ils vont en effet imaginer, créer, réaliser, montrer, exposer de très beaux prototypes.

Pour autant, vivre de leur artisanat d'art demeure pour le moins compliqué. Les commandes sont aléatoires, les contraintes réelles, les marges limitées faute de volumes suffisants... L'un et l'autre vont donc choisir de conserver – de manière libre et indépendante – une activité de conseil plus classique pour développer seulement en parallèle leurs collections de meubles propres, assumant ainsi leur polyvalence et leurs envies multiples. Et ce dans un cadre raisonnablement libre pour pouvoir mener les deux de front…

En effet, ce n'est pas parce qu'une activité n'est pas rémunératrice, ou pas assez, au prix de trop de temps, d'investissements, de sacrifices… qu'elle ne doit pas être accomplie ! Ce qui est important pour soi ne se limite jamais à ce qui paie le loyer.

Catherine et le besoin de spiritualité

Catherine est une femme de 64 ans, praticienne de thérapies manuelles, désormais à la retraite. Comme beaucoup de jeunes retraités, elle garde beaucoup d'énergie et l'envie d'être toujours active et engagée. Comme beaucoup, elle s'imagine donc poursuivre encore son activité habituelle. Mais comme beaucoup également, elle n'y voit plus tant que ça l'intérêt non plus. Peut-on faire encore du neuf avec du très connu ?

Aux prises avec ce dilemme – envie de poursuivre et manque d'appétence en même temps –, elle vient me voir pour en parler. Or, ce qui apparaît clairement dès le premier échange, c'est que son appétence réelle est ailleurs, et qu'elle est d'un tout autre ordre. Ses questions, ses attentes nouvelles, au fond, sont spirituelles. Je vais ainsi l'aider à comprendre très simplement que le maintien pour elle d'une activité professionnelle – s'il est possible – n'est en rien la réponse à ses besoins actuels. Elle a profondément envie de s'investir ailleurs et autrement.

À l'heure où j'écris ces lignes, elle est en Inde. Et c'est bien pour elle, je crois.

> ***« Ce qui est important pour soi ne se limite jamais à ce qui paie le loyer. »***

Conseil clé

Faire la part des choses !

Ce qui se vit *au* travail ne vient pas toujours *du* travail.

Condition de réussite

Accepter d'être multiple !

À l'intérieur de nous, il y a de nombreux personnages, des envies, des logiques, des dimensions différentes… et c'est bien. Le travail seul, surtout s'il est unique et unidimensionnel, ne saurait jamais tout exprimer, tout remplir, tout combler.

6 niveaux : synthèse

Vous ne vous sentez pas bien au travail ? Vous lever pour y aller est difficile ? Vous appréhendez les retours de week-ends ou de congés ? Accueillez-le, acceptez-le, regardez-le en face… et préparez-vous à changer !

Vous vous ennuyez ? Vous vous sentez à l'étroit ? Au contraire, tout vous y semble trop lourd, trop pesant, trop dense, trop rapide ? Vous manquez de liberté ? D'autonomie ? De motivation ? L'environnement vous semble toxique ? Essayez de mettre des mots sur ce dont il est vraiment question.

Selon notre représentation des niveaux de changement possible, vous pourrez ainsi vous poser honnêtement six séries de questions :

- Question n° 1 : en quoi l'histoire que je me raconte est-elle négative ? En quoi la façon dont je vis le travail influence-t-elle ma capacité à l'apprécier ? À m'y adapter ?
- Question n° 2 : en quoi ma posture au travail contribue-t-elle à me rendre le job difficile ou désagréable ? Qu'est-ce que je pourrais changer concrètement dans ma manière de faire ?
- Question n° 3 : et si je changeais de job ? Si je renouvelais mes horizons ? Est-ce que je peux imaginer que ce soit mieux ? Un peu ? Beaucoup ? Qu'est-ce que j'attends ?
- Question n° 4 : et si j'en profitais aussi pour changer de dimension ? Accepter un job plus riche ? Avec plus d'autonomie ? Plus de responsabilités ? Ou au contraire plus léger ? Ou plus indépendant ?

- Question n° 5 : est-ce que je pourrais avoir envie de faire radicalement autre chose ? Ai-je déjà une idée, une envie précise ? De premières bases d'expérience ?
- Question n° 6 : y a-t-il dans ma vie, en dehors du travail, des choses que je pourrais, que je devrais changer en priorité ?

Bien sûr, les six dimensions peuvent s'envisager ensemble, à un instant donné. Comme on l'a déjà vu, on peut avoir besoin de changer de posture au travail et de changer de vie en même temps. On peut avoir besoin de changer de job et aussi de niveau. On peut avoir besoin de changer de narration intérieure pour pouvoir changer de posture. Mais – dans une réflexion sur la place au travail –, ces six dimensions peuvent aussi s'envisager successivement, dans une continuité.

Imaginons ainsi – l'exemple est complètement théorique, et ce sera le seul ici – une progression professionnelle qui s'exprimerait en six temps successifs :

- Temps 1
  - J'ai un diplôme et l'envie de travailler, mais j'aborde le travail avec méfiance. Je ne m'accorde pas une valeur suffisante en effet, j'imagine que je ne peux pas réussir, qu'on ne me confiera rien de vraiment intéressant, au fond que je n'en vaux pas la peine. Ça me rend timide, je reste en retrait, mes peurs ainsi se confirment.
  - Je prends le temps de restaurer une image de moi plus positive. Je réalise que ce ne sont que des croyances et qu'elles sont injustifiées.
- Temps 2
  - Je prends confiance en moi, mais je me comporte encore facilement de façon défensive. Je prends souvent les questions de mon patron pour des critiques, et je m'oppose rapidement à mes collègues. Je suis perçu comme agressif et susceptible. Mes relations à l'environnement ne sont pas très fluides et j'en souffre.

– Je fais l'effort d'identifier mes comportements les moins adaptés pour mieux les transformer.

- Temps 3
  - Bien que ma narration soit désormais plus positive, et ma posture plus juste, je réalise que ce job, au fond, ne me convient pas vraiment.
  - J'aimerais, par exemple, un environnement de travail plus chaleureux, et un job plus concret… et je me mets en position de le chercher.
- Temps 4
  - J'ai changé ainsi de job pour un job équivalent, plus adapté pour moi en termes de contexte, j'avance et c'est bien. Mais je commence à me sentir à l'étroit.
  - Je décide alors d'assumer une ambition plus haute. Pour les uns, ce sera revendiquer une position plus senior et plus autonome, ou de manager cette fois une équipe ; pour d'autres, se mettre à son compte ou créer sa propre entreprise.
- Temps 5
  - Vient un moment où je sens que j'ai accompli, ici, ce que je devais accomplir. Au fond de moi, j'ai toujours eu envie de mettre mes compétences au service d'un environnement totalement différent (comme thérapeute, paysagiste, restaurateur, architecte d'intérieur, etc.).
  - Je reprends alors des études, en parallèle d'un job que je maîtrise bien désormais, afin d'envisager une seconde carrière, plus libre et plus personnelle.
- Temps 6
  - Même si j'ai ainsi radicalement changé de vie professionnelle, il demeure des dimensions de moi qui ne sont pas nourries par ce métier. En termes de créativité, peut-être ?
  - J'entreprends alors avec conviction une activité artistique en parallèle, mais librement, pour le plaisir de m'y exprimer sans contrainte, sans attente cette fois de rémunération ni de position sociale associée.

Dans une logique dynamique de progrès vers toujours plus de maturité, de plénitude et d'accomplissement, au plus près de mes *drivers*, de tous mes *drivers*, au fur et à mesure de mon évolution…

CONCLUSION

Les conditions d'une juste place : 7 idées clés pour être bien, vrai, juste au travail

Idée 1 – Insatisfait au travail ? C'est bien !

Chaque motif d'insatisfaction, chaque lieu de frustration, chaque moment d'ennui au travail est une clé pour avancer.

Je ne vais pas bien ? OK. Je l'accueille, je l'accepte, je regarde ce qui est à l'œuvre, ce qui me pèse, de quoi j'aurais plutôt besoin…

Derrière chaque insatisfaction, il y a une envie qui s'exprime.

Idée 2 – On fait très (trop) souvent son malheur soi-même

On récolte toujours ce qu'on sème au travail, et c'est logique (ailleurs aussi, mais ce n'est pas notre sujet). On en est pourtant rarement conscient…

Nous sommes acteurs en effet de toutes nos positions. Ce qu'on choisit, la façon dont on le choisit, dont on le parle, dont on l'incarne, dont on le porte ou non, conditionne largement notre vécu professionnel.

L'insatisfaction que nous éprouvons est donc très souvent le fruit de nos propres positions intérieures… là où elles ne sont pas justes.

Idée 3 – Un changement est (donc) toujours possible…

Si je suis l'auteur de mes choix et de mes positions, je peux en changer. Si je change, le monde change autour de moi. Parier sur le changement est ainsi rarement une mauvaise tactique !

Idée 4 – … à condition d'accepter de changer !

La souffrance, l'ennui, l'insatisfaction au travail sont d'autant plus prégnants, durables, pesants qu'on choisit en effet de rester en place, dans une place qui justement ne nous convient pas.

Acceptez seulement de parier qu'un changement est sûrement possible et qu'il pourrait vous être favorable. Le confort, le connu, la routine, les certitudes habituelles sont souvent nos pires ennemis si on n'y prend pas garde.

Pour vivre le salariat sans souffrance, il faut le vivre avec indépendance !

Idée 5 – Au plus près de ses motivations profondes

Tant qu'à changer… autant changer en plus vrai !

Pour identifier où et comment changer, mieux définir ses cibles et ses critères de choix, il est donc surtout nécessaire de bien se connaître. Sans se raconter d'histoires. Avec lucidité.

En effet, plus je serai proche de mes *drivers* naturels, plus le job incarné fera sens pour moi. Qu'importent le salaire et les avantages sociaux !

Idée 6 – Le juste pied dans la juste chaussure !

Mettre le pied dans une chaussure trop petite – ou trop grande – est une erreur que chacun de nous peut commettre. L'y laisser par contre n'est pas souhaitable : ni pour le pied, ni pour la chaussure, ni pour celui qui la porte, ni pour son environnement.

Trouver sa juste place au travail est aussi une question de taille, c'est-à-dire de juste niveau. Un job qui nous réduit, dans lequel on ne peut pas s'exprimer à sa juste valeur, n'est pas un bon job pour nous, même s'il peut sembler confortable en première intention. Un job trop grand, trop lourd, qui nous inquiète et nous épuise n'est pas non plus un bon job pour nous, même si le salaire ou le statut associé ont pu nous séduire et nous valoriser.

Ni trop ni trop peu, les voies justes sont souvent des voies du milieu.

Idée 7 – Une place... ou des places au travail ?

Nous venons d'un monde où les positions professionnelles étaient facilement pensées de façon très fermée, très univoque. Où on pouvait être avocat, médecin, notaire, commerçant, ingénieur, militaire de père en fils, rien d'autre sur plusieurs générations. Où on était souvent salarié toute sa vie, idéalement sans périodes de chômage, ni ruptures, ni changements notables, chez un seul employeur parfois... Heureusement, c'est fini !

Nous vivons dans un monde plus ouvert et plus libre, où on peut changer de position beaucoup plus facilement, vivre des périodes d'ajustement, tenter des expériences, multiplier les aventures, *slasher* au besoin...

Nous pouvons ainsi exprimer aussi notre multiplicité. Rien n'oblige en effet à se réduire à une seule place, dans un seul job, d'une seule manière. On peut vivre également des places différentes, en parallèle ou successivement, à titre rémunéré ou non, de façon à s'incarner, sur la durée, le plus complètement possible.

Résister pour s'affirmer… et s'affirmer pour s'incarner !

Pour pouvoir s'incarner de façon juste au travail, il faut pouvoir ainsi affirmer qui on est, sans arrogance inutile ni pseudo-modestie. Mais, pour y parvenir, il faut savoir aussi résister à toutes ces voix qui voudraient que l'on soit justement autrement :

- voix familiales, qui nous dictent notre conduite depuis le plus jeune âge, ce qui est souhaitable, dangereux, aimable, valorisant, cohérent, avec tout ce que nos parents attendent de nous, consciemment ou pas, de fidélité ou de compensation ;
- voix des conjoints, qui ont aussi besoin de sécurité ou de conformité et peuvent s'inquiéter de trop de changements ou de libertés ;
- voix amicales qui multiplient les conseils « pour notre bien », mais parlent généralement surtout d'elles, de leurs peurs et de leurs besoins ;
- voix d'entreprises, qui nous voudraient, bien sûr, toujours plus conformes, plus dociles, plus malléables, plus adaptés aux exigences de l'organisation, agiles quand il faut l'être (mais loyal), efficaces et engagés (mais bienveillant), capables d'innovation (à condition de ne pas déranger son chef) ou de leadership (même sans délégation de pouvoir), etc. ;
- voix sociales, qui incarnent toujours les chemins de conformité, les plus petits dénominateurs communs, les lieux communs et les voies ordinaires ;
- voix (voies) royales qui dessinent le chemin à suivre pour incarner le meilleur supposé, le chemin d'excellence, les bons lycées, les bonnes prépas, les bonnes écoles, les bons cabinets, les hautes fonctions, les grandes rémunérations… pour un chemin qui peut très bien ne pas être le nôtre ;
- voix intérieures, faites de toutes ces voix intériorisées, et parfois d'autres, plus anciennes encore, issues de nos ancêtres, de leurs failles, de leurs faillites, de leurs échecs et des traces qu'ils ont laissées.

À toutes ces voix… il faut dire NON pour trouver sa vraie place ! Pour pouvoir dire OUI en grand. À ce que je porte et à la réalité du monde. Car une place au travail est toujours une place dans le monde.

À ce titre, l'ouvrage de Matthew Crawford – *Éloge du carburateur*[1] – me semble très emblématique :

- parce qu'il a été écrit par celui qui se déclare à la fois « philosophe et mécano », assumant ainsi résolument une double place au travail très singulière ;
- parce qu'il a été écrit par quelqu'un qui a justement renoncé à des jobs prestigieux à Washington, dans l'environnement de Barack Obama… pour se consacrer à la réparation de motos anciennes ;
- parce qu'il revalorise ainsi le travail manuel face à la déferlante de jobs toujours plus abstraits, pas toujours utiles, souvent éloignés des aspirations comme des préférences naturelles de ceux qui les exercent ;
- parce que seule la connaissance de nos *drivers* propres peut conduire à une solution juste !

Un enjeu… collectif

Déjà, dans *Trouver sa place au travail*[2], en guise de conclusion, j'écrivais :
« Trouver sa place au travail au fond n'est pas une question individuelle. Bien sûr la formule est délibérément paradoxale, mais elle a pour vocation ici, à la fin de cet ouvrage, de rappeler l'importance des enjeux collectifs toujours associés à l'idée même de travail.

« Nous connaissons tous en effet trop bien des amis, des collègues, des patrons, des artisans, des commerçants, des enseignants… qui ne

1. Matthew B. Crawford, *Éloge du carburateur : essai sur le sens et la valeur du travail*, La Découverte, « Cahiers libres », 2010.
2. Didier Goutman et Juliette Allais, *op. cit.*

sont pas à leur place, ne font pas bien des métiers qu'ils méprisent, et génèrent ainsi – souvent sans même s'en rendre compte – des conséquences négatives en cascade pour eux-mêmes et pour les autres. Des serveurs qui n'aiment pas servir, et nous le font bien sentir, transformant des instants de répit en moments de tension. Des assistantes qui voudraient être chefs, rechignent à la tâche toute la journée et compliquent la vie d'équipes entières. Des managers qui n'aiment personne, évitent tout contact, sont méprisés par leurs collaborateurs et s'enferment à leur tour dans un rejet hautain et stérile. Des entraîneurs d'équipe de football qui se murent de même dans le silence et dépriment au final des nations entières. De même que nous connaissons tous aussi des serveurs, des assistantes, des managers ou des entraîneurs, qui parce qu'ils aiment ce qu'ils font, créent à l'inverse des cercles vertueux de service et de confiance, de plaisir et de rayonnement.

« Chacun est donc responsable de sa place et de la façon dont il l'occupe, devant lui mais aussi devant tous les autres. Parce que tout est lié. Parce que nous sommes tous économiquement, socialement, professionnellement interdépendants. Trouver sa place n'est donc jamais seulement une question individuelle. Parce que je ne peux pas la trouver seul, puisqu'il faut bien qu'un autre me la confie, avec et pour lui. Parce que bien ou mal travailler, aimer ou pas ce que je fais, n'engage jamais que moi. L'enjeu dépasse toujours largement ma propre cause, pour toucher au fonctionnement collectif dans son ensemble.

« Si le battement d'une aile de papillon peut déclencher un cataclysme au final, que dire en effet d'une carrière ratée, d'une vocation manquée, d'une frustration permanente ? »

Trouver sa meilleure place, faire bien le job qui est fait pour nous est ainsi de l'intérêt de tous. Même si, pour chacun, la quête est singulière, l'impact est toujours aussi collectif.

Mieux je suis au travail, plus je rayonne… et mieux le monde se porte !

Pourquoi hésiter ?

BIBLIOGRAPHIE ARGUMENTÉE

Pour cet ouvrage, j'ai utilisé spontanément très peu de références bibliographiques. Il est nourri essentiellement d'exemples réels, d'histoires vraies, à partir d'accompagnements vécus ou de parcours observés, et d'une prise de recul associée.

Pour citer cependant librement quelques références qui ont pu m'inspirer, et qui pourraient peut-être aussi vous être utiles aujourd'hui, voici une courte liste d'essais, de romans, de films, de séries concernés par les questions de place professionnelle, mais aussi de textes d'inspiration issus de domaines sans lien direct au monde du travail.

Essais

Pour évoquer ici des essais en relation immédiate avec notre sujet :

- Didier Goutman et Juliette Allais, *Trouver sa place au travail*, Eyrolles, 2012 et Le Livre de poche, 2015. Première tentative pour nous d'approcher la question de la « juste place au travail », un essai à deux voix, pour incarner au mieux les deux dimensions concernées : plus intérieure et psychologique/plus extérieure et opérationnelle. Il pourrait inspirer tous ceux qui souhaitent approfondir la réflexion, ou dont le métier (coach, conseil, RH) suppose des approches naturellement élargies ;
- Matthew B. Crawford, *L'Éloge du carburateur : essai sur le sens et la valeur du travail*, La Découverte, coll. « Cahiers libres », 2010. Pour Matthew Crawford – qui se définit lui-même comme « philosophe et mécano » –, il s'agit ici de réhabiliter le travail manuel, car il permet de retrouver un lien concret à la réalité

matérielle que le monde moderne chercherait à noyer sous un flux d'informations inutiles. Une piste de réflexion réelle pour certains d'entre vous, notamment ceux pour qui la sensation est importante ;

- David Graeber, *Bullshit Jobs*, Les Liens qui Libèrent, 2018. Pour David Graeber, notre société reposerait sur l'aliénation de la majorité des employés de bureau, amenés à consacrer leur vie à des tâches inutiles et vides de sens, des « jobs à la con », tout en ayant conscience des limites de leurs contributions. Alors que le progrès technologique semblait pourtant promettre une libération du travail… Un essai qui pourrait vous donner envie… de changer de voie !

Beaucoup plus concrètement, chez Eyrolles, on pourrait citer par exemple :

- Sonia Valente, *Comment trouver sa place quand on ne rentre dans aucune case*, Eyrolles, 2021 ;
- Hervé Bommelaer, *Trouver le bon job grâce au(x) réseau(x)*, 8e édition, Eyrolles, 2023.

Mais aussi, sur des registres toujours précis, chez d'autres éditeurs :

- Arielle Adda et Thierry Brunel, *Adultes sensibles et doués : trouver sa place au travail et s'épanouir*, Odile Jacob, 2015 ;
- Catherine Testa, *Oser être soi-même… même au travail*, Michel Lafon Poche, 2020 ;
- Laurence Bourgeois, *Se reconvertir pour les Nuls : trouver sa voie professionnelle*, First, 2021.

Romans

Pour évoquer ici des textes littéraires qui traitent directement de l'entreprise ou de la place au travail :

- Didier Goutman, *Better and More*, Eyrolles, coll. « Behind the scene », 2023. Une tentative personnelle d'évoquer le monde des grandes entreprises et les dérives avérées de ses logiques de pression permanente. Il y est aussi question de place personnelle au travail, au travers des interrogations et du devenir de six personnages en quête de sens… ou d'efficacité ;

- Juliette Allais, *Marche où la vie t'ensoleille*, Eyrolles, 2017 et J'ai lu, 2020. Par mon amie et complice Juliette Allais, un roman léger, joyeux comme une comédie, qui parle de comment s'affranchir de ses conditionnements, dans toutes les dimensions de sa vie… donc au travail aussi ;
- Franz Kafka, *Lettre au père,* Gallimard, coll. « Folio », 2002. Un témoignage rare sur le poids des injonctions familiales ;
- Amélie Nothomb, *Stupeur et tremblements*, Albin Michel, 1999. Comme un conte réaliste issu d'une histoire vraie, sur la souffrance au travail et le choc des cultures.

Chez Eyrolles, on pourrait également citer les différents romans de la collection « Behind the scene », et notamment :

- Paula Marchioni, *N'en fais pas une affaire personnelle*, Eyrolles, coll. « Behind the scene », 2020. Écrit dans un univers publicitaire que j'ai côtoyé de près en même temps que l'auteure.

Films et séries

- Andrea Molaioli, *L'Empire des Rastelli*, 2011. Un film italien brillant inspiré du scandale de la Parmalat, une histoire vraie totalement édifiante de dérives collectives au travail.
- Adam McKay, *The Big Short : Le Casse du siècle*, 2015. Sur la crise des *subprimes*, où comment l'avidité a créé sa propre destruction.
- Christophe Barratier, *L'Outsider*, 2016. Dans un milieu professionnel à part (celui des traders de banques et des courtiers), autour d'une étonnante trajectoire professionnelle, celle de Jérôme Kerviel, le trader qui a failli couler la Société Générale.
- David Frankel, *Le diable s'habille en Prada*, 2006. Avec Meryl Streep et Anne Hathaway, sur les sirènes de la mode et du statut

social… mais aussi la question de ses vrais *drivers* et de ce qui peut nous les faire oublier !

- Jean-Marc Moutout, *Violence des échanges en milieu tempéré*, 2004. L'histoire d'un jeune diplômé dans l'univers du conseil, tiraillé entre bien faire son job et éthique personnelle… Car la juste place au travail peut être aussi une question de respect de ses propres valeurs !
- Les films de Stéphane Brizé, avec Vincent Lindon en chômeur (*La Loi du marché*, 2015), en syndicaliste (*En guerre*, 2018) et en directeur d'usine (*Un autre monde*, 2021). Sur la dureté du monde de l'entreprise et de ses relations, mais aussi la manière dont chacun sait le vivre, et la liberté que chacun s'y octroie.
- Jesse Armstrong, *Succession*, 2018-2023. Une série quasi shakespearienne sur la guerre de succession dans une famille ultrariche (librement inspirée de l'empire Murdoch), là où place dans la famille et place au travail se confondent et s'embrouillent.
- Thomas Lilti, *Hippocrate*, 2018-2024 (en cours de diffusion). Une série française réaliste, très évocatrice des enjeux et des tensions du milieu hospitalier, dans toute la complexité de ses interrelations au travail.

Sources d'inspiration

- Pour réfléchir à des situations concrètes d'exercice professionnel, je ne saurais trop conseiller… la lecture du journal *L'Équipe* !
- C'est en effet pour moi une vraie source de formations et d'informations. Alors que le monde de l'entreprise est toujours opaque quant à ce qui s'y passe vraiment – bien difficile de savoir de l'extérieur qui s'y épanouit, y performe, comment et pourquoi –, le monde du sport est très lisible, compte tenu de la dimension directe et publique des questions de performances, et de la quantité d'informations qui circulent : analyses de résultats, individuels ou collectifs, interviews de sportifs, de coachs,

de dirigeants, d'observateurs, etc. On peut donc y découvrir de très nombreux exemples éclairants, pour soi-même ou pour les autres : réussir malgré l'adversité, rebondir après un échec, arrêter sa carrière en conscience, etc.

- Paul Watzlawick, *Faites vous-même votre malheur*, Seuil, 1990 (école de Palo Alto, thérapies brèves).
- De manière générale, les ouvrages de thérapies brèves peuvent apporter des éclairages intéressants sur le changement, tous les changements, dans toutes leurs modalités, donc aussi le changement au travail : changement de narration, de posture, etc. Et *Faites vous-même votre malheur* en constitue une initiation légère et sarcastique, plutôt réjouissante.
- Zygmunt Bauman, *La Vie liquide*, Fayard, coll. « Pluriel », 2013.
- Un essai de sociologie inspirée, pour réfléchir – de façon plus large – à une société qui se voudrait sans cesse liquide, fluide, libre, sans engagement, où tout va vite, où tout se consomme, où tout se jette, où tout circule…
- Pour finir, enfin, sur une note résolument spirituelle, les ouvrages d'Eckhart Tolle, par exemple (*Le Pouvoir du moment présent*, J'ai lu, 2010 ; *L'Art du calme intérieur*, J'ai lu, 2011 ; *Nouvelle Terre*, Ariane, 2005 ; etc.), peuvent nous offrir de vraies clés pour adresser le présent – quel qu'il soit – avec plus de vigilance et de sérénité, en se détachant surtout de ses propres créations mentales. Car, au travail comme ailleurs :

« La cause première du malheur n'est jamais la situation, mais toujours les pensées qui concernent celle-ci[1]. »

Eckhart Tolle

1. Eckhart Tolle, *Le Chemin vers l'unité*, J'ai lu, 2022, p. 14.

POUR EN SAVOIR PLUS ET CONTACTER L'AUTEUR

- Didier Goutman : didiergoutman@wanadoo.fr
- Profil et CV en ligne : https://www.linkedin.com/in/didiergoutman/
- Site internet : https://didiergoutman-conseil.fr/
- Blog consacré aux questions de place au travail : http://justeplaceautravail.fr/

MIXTE
Papier | Pour une gestion forestière responsable
FSC® C108412
FSC
www.fsc.org

Imprimé en France par CPI Firmin-Didot
en octobre 2024
Dépôt légal : novembre 2024
N° d'impression : 180421

Cet ouvrage est imprimé sur du papier Classic 80 g FSC